Herbert Demharter

Fantasievolle Puppenhäuser zum Spielen

Vorwort

Puppenhäuser und Puppenstuben haben eine lange Tradition. Sie waren immer ein begehrtes und beliebtes Spielzeug bei Kindern. Die ersten Puppenhäuser in Deutschland findet man im Mittelalter. Man kann aber annehmen, dass Kinder schon viel früher die Welt der Erwachsenen für ihre Puppen nachgestellt haben.

Heute sind Puppenstuben nicht nur bei Kindern beliebt. Immer mehr Erwachsene sammeln Puppenmöbel und Puppenhäuser.

Die heute gesammelten Stücke sind früher häufig mit sehr viel Liebe und Geduld gebaut worden, und meist durften die Kinder nur einmal im Jahr, zu Weihnachten, damit spielen. Anschließend wurde alles wieder verpackt und bis zum nächsten Jahr aufgehoben.

Die Puppenhäuser von damals zeichnen sich vor allem durch ihre Einmaligkeit und die Persönlichkeit ihrer Bauherrn aus. Jedes Teil ist immer auch ein Stück Familiengeschichte. Dies macht sie zu wertvollen Sammelobjekten, selbst wenn die Sammler heute diese Geschichte nicht kennen.

Die heutigen in Massenproduktion hergestellten Produkte haben eine solche Geschichte nicht. Meine Absicht ist es deshalb, Sie wie in meinem Buch „Puppenmöbel selber bauen" anzuleiten, die Sammlerstücke von morgen zu fertigen. Ob Sie ein Puppenhaus zum Ausstellen Ihrer Sammlung oder für die Kinder zum Spielen bauen, es wird immer eine individuelle Note und eine Geschichte haben.

Herbert Demharter

Als eingeschossiges Haus gebaut, bietet es Raum für eine klassische Puppenküche. Dies kann der Anfang für eine größere Sammlung sein.

Widmung

Für Bodo Hennig, einen großen Holzspielzeugmacher, der mit seinem unermüdlichen Schaffen Kindern und Erwachsenen schon viel Freude bereitet hat.

Material

Holzwerkstoffe

Die unterschiedlichsten Holzwerkstoffe stehen Ihnen zum Bau von Puppenhäusern zur Auswahl. Eine kurze Beschreibung des Materials, das ich in den Bauanleitungen verwendet habe, soll Ihnen die Entscheidung für das eine oder andere erleichtern.

Sperrholz wird in Dicken von 3 bis 12 mm und darüber verkauft. Die häufigsten in Baumärkten angebotenen Sperrholzplatten sind Pappel-, Kiefern-, Birken- und Buchensperrholz. Für den Modellbau bekommt man auch Platten, die dünner als 3 mm sind. Bei der Herstellung von Sperrholz werden Furnierschichten in mehreren Lagen kreuzweise verleimt. Dadurch ist dieser Werkstoff sehr formbeständig und maßhaltig, für Heimwerker also ein ideales Material. Wählen Sie die Dicke immer nach der Größe des Modells, das Sie bauen wollen. Größere Werkstücke können Sie aus Multiplexplatten bauen. Das sind Sperrholzplatten mit mehr als fünf Holzschichten und Dicken über 12 bis 80 mm. Allerdings sind diese Platten sehr teuer.

Tischlerplatten (Stab- oder Stäbchenplatten), besitzen gute Eigenschaften zum Bauen von größeren Objekten. Sie sind formstabil und leicht. Die Mittellage besteht aus Massivholz, das auf beiden Seiten mit einer Furnierlage abgesperrt ist. Tischlerplatten bekommt man in Dicken ab 13 mm und mit verschiedenen Deckfurnieren, z. B. Buche, Fichte, Limba.

Dreischichtplatten sind aufgebaut aus drei Lagen Massivholz, die quer zueinander verleimt sind. Die Platten sind formstabil und wie Massivholz zu verarbeiten. Sie haben den Vorteil, dass sie sich im Vergleich zu Massivholz so gut wie nicht verziehen. Werden sie nur farblos lackiert, gewachst oder geölt, sind sie sehr dekorativ. Für Puppenhäuser habe ich 13 mm dicke Platten verwendet.

Leimholzplatten findet man in allen Baumärkten in unterschiedlichen Größen. Leimholz ist aus vielen schmalen Holzstreifen verleimt und je nach Preis und Verleimung von minderer oder besserer Qualität. Angeboten wird es meist in den Holzarten Fichte,

Für den Bau von Puppenhäusern können unterschiedliche Plattenwerkstoffe verwendet werden. Schmale Kiefernholzleisten braucht man für die Feinarbeiten, z. B. beim Fensterbau und bei dekorativen Arbeiten. Wasserlösliche Lackfarben lassen sich leichter verarbeiten und trocknen schneller als lösungsmittelhaltige Farben.

SPERRHOLZPLATTE

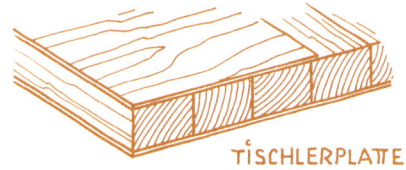

TISCHLERPLATTE

DREISCHICHTPLATTE

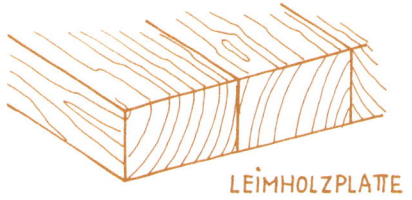

LEIMHOLZPLATTE

Kiefer oder Buche. Zum Puppenhausbau werden 18 mm dicke Platten verwendet. Beim Kauf sollten Sie darauf achten, dass die Platten eine möglichst feine Maserung haben, nicht zu astreich und nicht in sich verworfen sind. Leimholzplatten sind meist in Folie verpackt, die Sie erst vor dem Verarbeiten entfernen sollten.

MDF-Platten gehören zu den Holzfaserplatten. Sie sind erst seit einigen Jahren für den Heimwerker zu haben, verdrängen aber immer mehr die Spanplatte. Die üblichen Hartfaserplatten sind nur in der Dicke bis 4 mm zu bekommen, MDF-Platten dagegen erhält

man in Dicken von 6 mm aufwärts bis zu 50 mm. Der Vorteil der Platten liegt darin, dass sie sich nahezu wie Massivholz bearbeiten lassen. Wenn Sie in die Stirnseiten schrauben wollen, sollten Sie aber vorbohren. Die Oberfläche von MDF-Platten ist sehr glatt und lässt sich lackieren, ohne dass vorher geschliffen werden muss.

Kiefernholzleisten werden in verschiedenen Abmessungen benötigt. Die Maße sind jeweils bei den Bauanleitungen angegeben.

Sicher werden Sie die herkömmliche **Spanplatte** in der Auflistung vermissen. Dies ist der Holzwerkstoff, den ich am wenigsten empfehle. Die Spanplatte hat nur einen Vorteil: Sie ist billig. Dies gleicht jedoch ihre Nachteile nicht aus. Die Kanten der Spanplatte brechen leicht aus und müssen mit einem Umleimer eingefasst werden. In den Sägekanten lassen sich Schrauben oder Nägel nur schwer befestigen. Außerdem haben die meisten Platten, auch wenn die Emissionswerte eingehalten werden, einen unangenehmen Geruch nach Formaldehyd. Für Kinderspielzeug sind sie daher sicher nicht zu empfehlen.

Farben, Lacke, Lasuren und Öle

Wasserlösliche Acrylfarben eignen sich sehr gut für den Anstrich der Puppenhäuser. Sie sind geruchlos, umweltfreundlich zu verarbeiten und trocknen relativ schnell.

Tipp! *Der Trocknungsprozess lässt sich verkürzen, wenn man die gestrichenen Teile im Abstand von etwa einem Meter vor ein Heizgebläse stellt. Dies geht jedoch nur bei wasserlöslichen Farben.*

Stark verdünnt kann man wasserlösliche Farben für lasierende Überzüge verwenden. Die Farben lassen sich mit Klarlack überstreichen.

Ölen oder Wachsen ist eine weitere Alternative für farblosen Holzschutz. Wachse werden in fester und flüssiger Form angeboten. Flüssigwachs lässt sich leichter verarbeiten.

Vor jedem Anstrich sollten Sie immer einen Probeanstrich machen. So können Sie sicher sein, dass das erwartete Ergebnis erzielt wird.

Weiteres Material

Wenn Sie die Fenster verglasen wollen, verwenden Sie am besten Acrylglas. Es ist für Kinder ungefährlich und lässt sich mit der Säge leicht bearbeiten.

Was Sie sonst noch brauchen zum Bau der Puppenhäuser, z. B. Schrauben, Nägel, Dübel oder Scharniere, ist in den Bauanleitungen jeweils angegeben.

Erforderliches Werkzeug

Um Puppenhäuser zu bauen, brauchen Sie nicht unbedingt einen großen Maschinenpark. Lassen Sie größere Teile der Holzzuschnitte beim Kauf zusägen, wenn Ihnen diese Gelegenheit geboten wird. Ein mittelschwerer Hammer, eine Feile, eine Zange, einige kleine Leimzwingen, Schraubenzieher, Stemmeisen und Schleifpapier der Körnung 100 und 150 gehören in die Werkzeugkiste. Die wichtigsten Werkzeuge, die Sie zusätzlich brauchen, sind nachfolgend aufgeführt.

Sägen

Mit einer **Handsäge**, z. B. einem Fuchsschwanz oder einer Feinsäge, lassen sich alle geraden Schnitte ausführen. Ich arbeite am liebsten mit **japanischen Sägen**, die sich durch hervorragende Schnittqualität und Schärfe auszeichnen. Ein weiterer Vorteil dieser Sägen ist, dass sie im Gegensatz zu den herkömmlichen gezogen und nicht gestoßen werden. So kann das Sägeblatt nicht einklemmen oder sich verbiegen. Feinste Schnittbreiten von 0,3 Millimetern machen es möglich, dass auch kleinste Teile zugeschnitten werden können.

Japanische Sägen werden in Deutschland leider nicht von jedem Fachgeschäft geführt. Eine Bezugsquelle ist am Ende des Buches genannt.

Ein vielseitig einsetzbares Elektrowerkzeug ist die **Stichsäge**. Mit ihr lassen sich gerade und kurvige Schnitte ausführen. Viele Vorteile bietet auch eine **Tischkreissäge**. Wenn Sie jedoch eine gute Stichsäge besitzen, können Sie auf die Kreissäge verzichten, besonders dann, wenn Sie sich die Platten schon im Geschäft zuschneiden lassen.

Für geschwungene kleine Teile ist die **Laubsäge** nach wie vor eine ideale Säge. Als Auflage für das Werkstück brauchen Sie bei der Arbeit mit der Laubsäge das Laubsägebrettchen, das am Arbeitstisch festgespannt wird.

Wichtig ist bei allen Sägen, dass Sie scharfe Sägeblätter verwenden. Ein grob gezahntes Sägeblatt, das also nur wenige Sägezähne hat, wird immer in Faserrichtung des Holzes eingesetzt. Fein gezahnte Sägeblätter verwendet man zum Schnitt quer zur Holzfaser. Sie sollten auf keinen Fall an der Qualität Ihrer Werkzeuge sparen. Gutes Werkzeug erleichtert die Arbeit und es macht mehr Spaß, damit umzugehen.

Bohrer, Sägeblätter und andere Schneidwerkzeuge bleiben länger scharf. Dadurch wird die Arbeit sicherer, weil Sie beim Gebrauch weniger Kraft aufwenden müssen.

Bohrer

Elektrische Bohrmaschinen gehören inzwischen zur Grundausstattung in fast jedem Haushalt. Handlicher für kleinere Bohrarbeiten ist ein Akkuschrauber. Mit ihm lassen sich nicht nur die Schraubenlöcher vorbohren, sondern auch anschließend die Schrauben eindrehen.
Zum Bohren verwenden Sie nur gut geschärfte Bohrer, am besten Holzbohrer. Für die hier beschriebenen Arbeiten sind in den meisten Fällen Bohrer mit den Durchmessern 1 / 3 / 6 / 8 mm ausreichend.
Bei Bohrungen, die genau senkrecht verlaufen müssen, verwenden Sie eine Tischbohrmaschine. Den gleichen Zweck erfüllt ein Bohrständer, in den Sie die Handbohrmaschine einspannen.
Damit die Schraubenköpfe versenkt werden können, erweitern Sie die Bohrung mit einem Krauskopf oder Versenker.

Messwerkzeuge

Anschlagwinkel und Meterstab sind unverzichtbar. Von Vorteil zum Anzeichnen von Schrägen ist ein Gehrungswinkel oder eine Schmiege. Notfalls lässt sich aber auch ein Blatt Papier so falten, dass der richtige Winkel von der Zeichnung auf das Holz übertragen werden kann.

Arbeitssicherheit

Beim Arbeiten mit Werkzeug besteht immer die Gefahr sich zu verletzen. Dies gilt ganz besonders für elektrische Hand- und Standmaschinen. Beachten Sie deshalb stets die Sicherheitshinweise der Hersteller.

Spannen Sie Ihr Werkstück beim Sägen und Bohren mit Zwingen auf der Arbeitsplatte fest. Legen Sie elektrische Kabel so, dass sie nicht mit dem Sägeblatt in Kontakt kommen können.

Die meisten Werkzeuge finden sich sicherlich in Ihrer Werkzeugkiste. Für präzise Zuschnitte eignen sich besonders die japanischen Sägen unten rechts im Bild. Achten Sie darauf, dass die Schneiden der Werkzeuge, z. B. von Stemmeisen oder Bohrern, gut geschliffen sind. Dies erleichtert die Arbeit wesentlich.

Arbeitstechniken

Holzverbindungen

Die meisten Teile werden ohne konstruktive Holzverbindung verleimt und geschraubt oder genagelt. Um ein Reißen der Bretter zu vermeiden, empfiehlt es sich sie vorzubohren oder die Nägel durch einen leichten Schlag mit dem Hammer auf die Spitze abzustumpfen. Dann spaltet der Nagel das Holz nicht, sondern staucht es. Die Gefahr, dass es reißt, ist dadurch gemindert. Sollen die Nägel möglichst unsichtbar bleiben, werden die Nagelköpfe mit einem Dorn versenkt und die Löcher verspachtelt. Wenn Sie den Nagelkopf mit einer Zange abzwicken, bleibt nur ein kleines Loch sichtbar.

Für Verschraubungen sollte immer vorgebohrt werden. Das Bohrloch erweitern Sie anschließend mit einem Krauskopf oder Versenker, sodass die Schraube bündig mit der Holzoberfläche eingedreht werden kann. Soll die Schraube nicht sichtbar sein, so kann sie ganz versenkt und mit einem Rundholz abgedeckt werden. Dadurch entsteht der Eindruck, es seien Holzdübel verwendet worden.

Erfahrungsgemäß kommen Anfänger mit Schraubverbindungen besser zurecht als mit geleimten Dübelverbindungen. Wenn Sie

aber entsprechende Erfahrungen haben, können Sie Holzverbindungen natürlich auch mit Dübeln oder Formfedern ausführen.

Für den Einsatz von Runddübeln sind Zentrierspitzen ein praktisches Hilfsmittel. Zuerst werden die Löcher an einer Seite der zu verbindenden Teile gebohrt. In die Bohrungen werden die Zentrierspitzen eingesteckt, dann werden beide Teile leicht zusammengedrückt. Die

Vertiefungen auf dem Gegenstück markieren die Bohrpunkte.

Bei Leisten werden häufig Eckverbindungen, Kreuz- oder T-Überblattungen verwendet. Zwei Leisten werden jeweils zur Hälfte eingesägt, das Holz zwischen den Schnitten wird entfernt und die Teile werden ineinander gepasst. Bei den Puppenhäusern werden solche Verbindungen für die Fenster gebraucht.

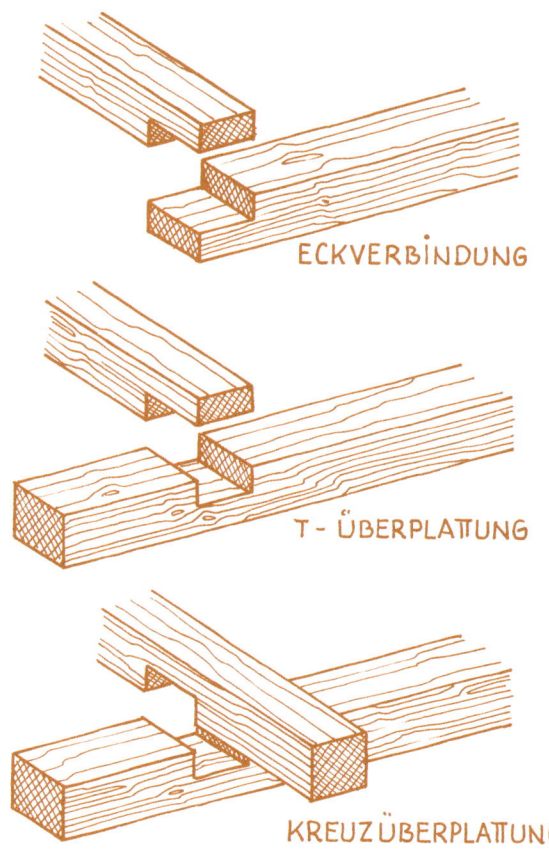

ECKVERBINDUNG

T - ÜBERPLATTUNG

KREUZÜBERPLATTUNG

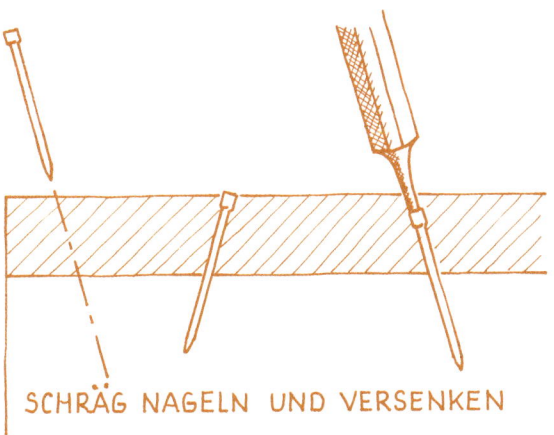

SCHRÄG NAGELN UND VERSENKEN

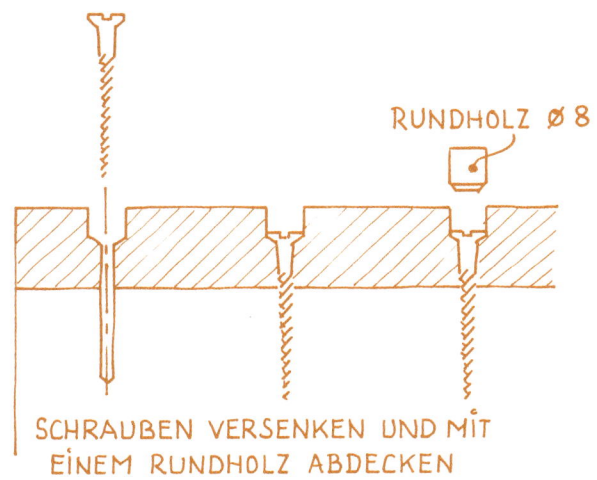

RUNDHOLZ Ø 8

SCHRAUBEN VERSENKEN UND MIT
EINEM RUNDHOLZ ABDECKEN

DÜBEL SETZEN MIT
ZENTRIERSPITZEN

Schleifhilfen können Sie selbst herstellen.
Damit erreichen Sie auch die kleinsten
Ecken. Mit doppelseitigem Klebeband wird
das Schleifpapier auf Vierkant-, Rund- oder
Dreikantleisten befestigt. Dabei kann man
verschiedene Körnungen verwenden. Leisten-
reste finden sich sicher in Ihrer Restekiste.

Schleifen

Zum Schleifen nehmen Sie am besten einen Schleifklotz aus Kork. Weitere Schleifhilfen, mit denen Sie auch die kleinsten Ecken erreichen können, stellen Sie selbst her. Kleben Sie mit doppelseitigem Klebeband Schleifpapier auf schmale Vierkant-, Rund- oder Dreikantleisten.

Für grobe Schleifarbeiten wird Papier der Körnung 100, für feine und zum Nachschleifen nach dem ersten Anstrich Körnung 150 verwendet.

Verleimen

Tragen Sie immer nur so viel Leim auf, wie Sie benötigen. Wird es doch einmal zu viel und drückt sich der Leim seitlich heraus, lassen Sie die Perlen erst trocknen, um sie dann mit einem Stemmeisen zu entfernen. Wird feuchter Leim verwischt, nimmt das Holz an dieser Stelle keine Beize an. Oft ist es günstiger, Einzelteile vor dem Verleimen zu streichen. Kleben Sie aber die Leimstellen vorher mit Malerkreppband ab. Die Verbindung hält besser, wenn der Leim auf unbehandeltes Holz aufgetragen wird.

Bemalen

Bei einigen Puppenhäusern wurde die Oberfläche nicht nur gestrichen, sondern zusätzlich mit besonderen Effekten aufgewertet. Diese Techniken lassen sich bei allen anderen Häusern anwenden. Der reine Farbton wirkt oft sehr hart. Durch Aufspritzen einer weiteren hellen oder dunklen Farbe kann die Fläche „aufgebrochen" werden. Streichen Sie dazu etwas Farbe auf einen Teller, tauchen Sie eine kleine Bürste (z. B. eine Handbürste) hinein und halten Sie die Bürste an die bemalte Fläche. Indem Sie mit einem Brettchen über die Borsten streifen, spritzen Sie die Farbe auf die Malfläche. Durch mehrmaliges Probieren bekommt man schnell das Gefühl für den richtigen Abstand und Farbauftrag.

Auch mit Schwämmen lassen sich interessante Muster erzeugen. Für die Steinstruktur am Sommerhaus wurde einen Küchenschwamm verwendet.

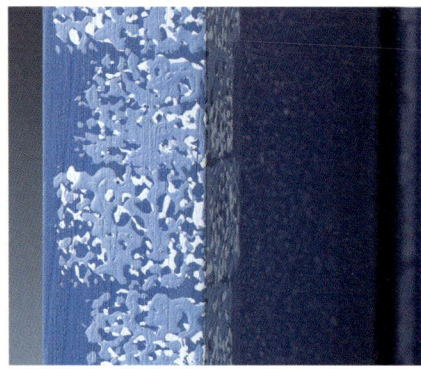

In zwei verschiedenen Farbtönen sind die Ecksteine am Altstadthaus gestaltet. Ist die erste Farbe angetrocknet, kann die zweite aufgetragen werden. Machen Sie immer zuerst eine Probe auf einem gleichfarbigen Untergrund, bevor Sie das Original bedrucken.

Zuerst werden Schwammstücke in der passenden Größe zugeschnitten. Die glatte Oberfläche erhält eine Struktur, indem Sie kleine Stücke herausreißen. Tauchen Sie den Schwamm in Farbe und drücken Sie ihn auf die Malfläche.

Zum Einfärben der Schwämme können Sie auch Farbe auf ein Brettchen oder einen Karton streichen. Wird ein Insektenschwamm verwendet, wie man ihn zum Reinigen von Autoscheiben benutzt, genügt es, ihn auf die gewünschte Größe zurechtzuschneiden. Seine raue Oberfläche ergibt das Steinmuster. Am Altstadthaus wurden zwei Farben übereinander gelegt.

Mit Schwämmen lassen sich Steinstrukturen aufdrucken. Der Schwamm wird in wenig Farbe getaucht und auf die Fläche gestempelt. So entstehen interessante Muster. Streichen Sie zum Einfärben des Schwamms die Farbe auf eine nicht saugende Unterlage. Es können auch mehrere Farben übereinander gedruckt werden.

Vergrößern und Übertragen

Soweit als möglich wurden alle Zeichnungen bemaßt. Bei frei gezeichneten Konturen war es jedoch nicht möglich, genaue Maße anzugeben. Bei diesen Zeichnungen vergrößern Sie die Vorlagen auf einem Kopierer. Um die Konturen auf Ihr Werkstück zu übertragen, legen Sie Transparent- oder Butterbrotpapier auf die Vorlage und zeichnen diese mit Bleistift nach. Drehen Sie das Blatt um und schraffieren Sie die Rückseite über den abgezeichneten Linien mit einem weichen Bleistift. Wenn Sie das Blatt erneut drehen und die Linien auf der Vorderseite nachziehen, pausen Sie die Zeichnung auf das Holz.

Das Steinmuster am Sommerhaus wird mit einem großen Schwamm aufgedruckt. Mit einem feinen Pinsel zeichnet man die Umrisse mit dunklerer Farbe nach. Die Grashalme werden mit wenigen Pinselstrichen von Hand aufgemalt und ergeben einen schönen Übergang zum Steinfundament.

Beleuchtung und Elektrik

Den Einbau von elektrischen Leitungen, Decken- und Stehlampen wird jeder Puppenhausbauer individuell für sich entscheiden. Es ist zwar möglich, Leitungen bereits beim Bau in die Wände einzulassen. Das ist aber nicht empfehlenswert. Meist werden, wie man das von der eigenen Wohnung kennt, die Steckdosen nicht dort zu finden sein, wo man sie wirklich braucht. Zudem ist es meist sehr aufwendig und schwierig, Kabel wegen eines Fehlers zu ersetzen und auszutauschen, wenn sie in den Wänden versteckt sind.

Moderne Systeme für Puppenhäuser, wie sie gute Fachgeschäfte anbieten, können Sie nachträglich leicht und unkompliziert einbauen. Wenn Leitungen in Kabelkanälen verlegt sind, lassen sie sich streichen oder übertapezieren. Ich verwende das elektrische System der Firma Bodo Hennig, da ich damit gute Erfahrungen gemacht habe und alles zueinander passend angeboten wird, von Verteilerdosen über Steckdosen, Schalter und Kabelkanäle bis zu den Lampen.

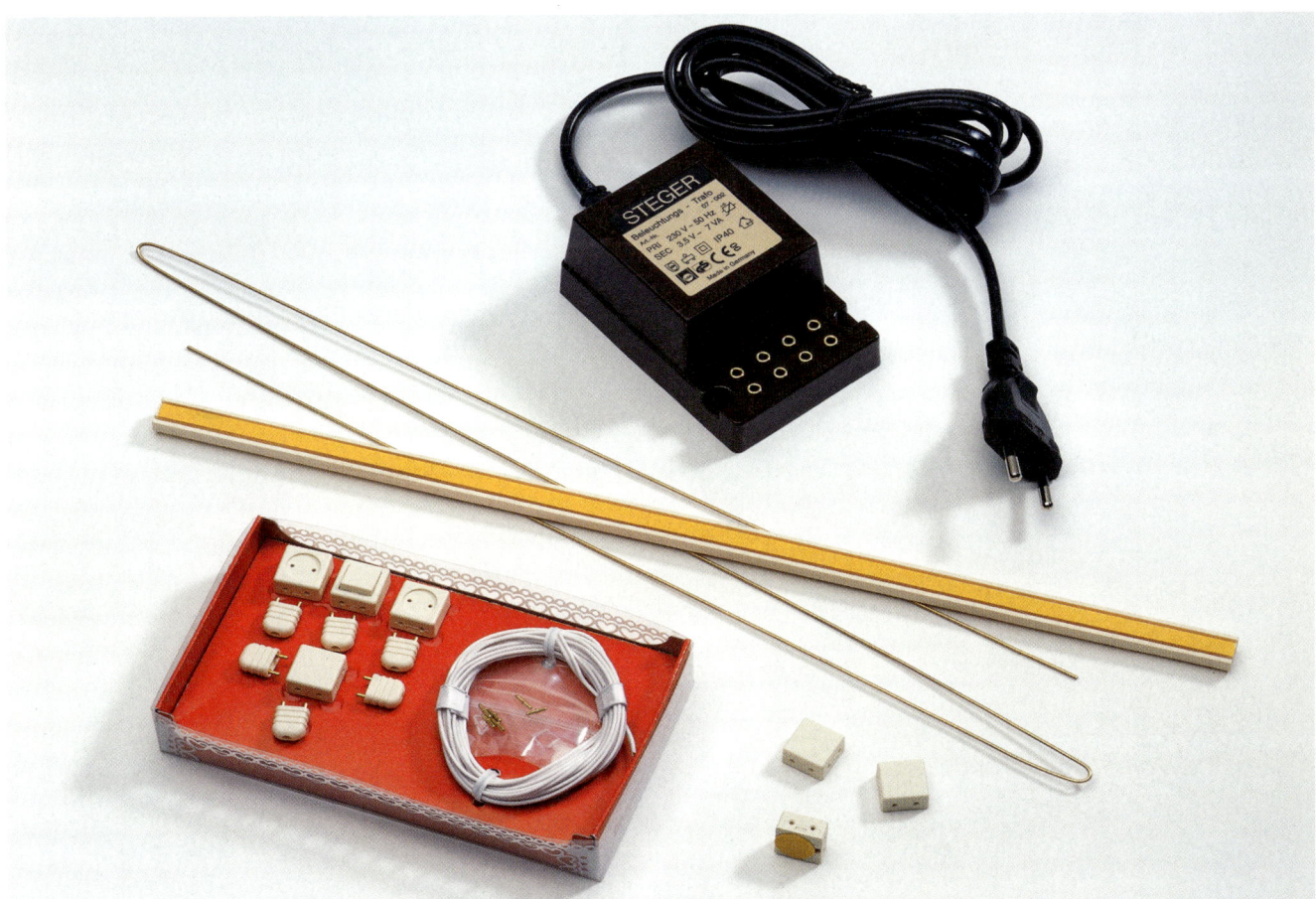

Elektroinstallationen wie in einem richtigen Wohnhaus bietet der Fachhandel auch für Puppenhäuser. Von Schaltern und Steckdosen bis zur Klingelanlage kann man alles bekommen. Die Leitungen können auf Putz verlegt und mit entsprechenden Leisten abgedeckt werden.

*Altstadthaus mit drei Stock-
werken. Entsprechend seinem
äußeren Erscheinungsbild ist es
mit Sammlermöbeln eingerichtet: mit Küche, Wohnzimmer
und Schlafzimmer aus der Zeit
des Jugendstils.*

Altstadthaus

Eine Vielzahl von Gestaltungsmöglichkeiten lässt das Altstadthaus zu einem universellen Puppenhaus werden. Ob es als Spielhaus für Kinder gebaut wird oder ob Sammler es zum Ausstellen ihrer Exponate verwenden, das Altstadthaus wird jeder Verwendung gerecht.

In den Zeichnungen und Fotos stelle ich vier Alternativen vor, auf die Sie sich jedoch keineswegs beschränken müssen. Die Modelle basieren alle auf einem Grundmodell und sind nur durch Farbe, Höhe, Giebelform und Fenster verschieden gestaltet. Sie können daher das Altstadthaus ganz nach Ihren persönlichen Wünschen und Vorstellungen bauen, je nachdem, wozu es verwendet wird.

Eine weitere Alternative zum Puppenhaus ist die Einrichtung eines Ladengeschäfts, z. B. einer Töpferei, eines Blumengeschäfts oder Spielzeugladens. Je nach Ihrer Sammelleidenschaft haben Sie alle Möglichkeiten der Gestaltung.

Auch ein Schulraum lässt sich im Altstadthaus unterbringen. Ein wenig erinnert es ältere Bastler vielleicht an die eigene Schulzeit, wo in der Ecke noch der Rohrstock stand und auf Schiefertafeln geschrieben wurde. In einem weiteren Stockwerk darüber kann die Lehrerwohnung eingerichtet werden.

Schnittliste

	Stück	Abmessung in mm	Werkstoff
A	2	499 x 77 x 18	Leimholz – Fichte
	2	499 x 41 x 18	Leimholz – Fichte
B	3	364 x 264 x 13	Tischlerplatte
C	1	684 x 328 x 13	Tischlerplatte
D	2	499 x 228 x 13	Tischlerplatte
E	2	284 x 300 x 13	Tischlerplatte
F	1	382 x 25 x 25	Kantholz – Fichte
G	2	300 x 18 x 18	Leimholz – Fichte

Zuschnitt für ein Fenster
(Stückzahl je nach Modell anpassen)

H	2	107 x 10 x 10	Kiefernleiste
I	2	100 x 10 x 10	Kiefernleiste
J	1	100 x 6 x 6	Kiefernleiste
K	1	107 x 6 x 6	Kiefernleiste
L	1	100 x 30 x 3	Kiefernleiste
M	2	135 x 13 x 3	Kiefernleiste
N	3	116 x 13 x 3	Kiefernleiste
O	2	122 x 13 x 3	Kiefernleiste

Die obere Fensterblende ist innen und außen gleich lang.

Tipp! *Das Altstadthaus kann mit einem oder zwei Stockwerken gebaut werden. Die Maßangaben der Schnittliste beziehen sich auf die in der Montageansicht dargestellte Ausführung mit zwei Stockwerken und Dachmansarde. Bei allen anderen Bauweisen müssen die Maße entsprechend geändert werden.*

Die Abmessungen der kleinen Zuschnitte wie Balkon usw. sind aus den bemaßten Detailzeichnungen abzulesen. Kreuzschlitzschrauben 3,0 x 30 mm und ein Rundstab mit 6 mm Durchmesser für die Dübel werden zur Montage gebraucht, außerdem Acrylglas, 2 mm dick, wenn die Fenster verglast werden sollen.

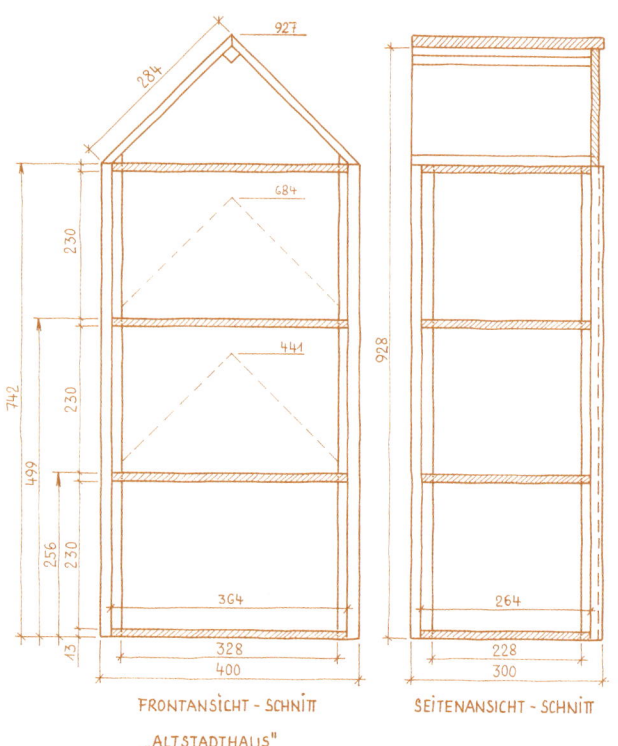

FRONTANSICHT - SCHNITT

SEITENANSICHT - SCHNITT

„ALTSTADTHAUS"

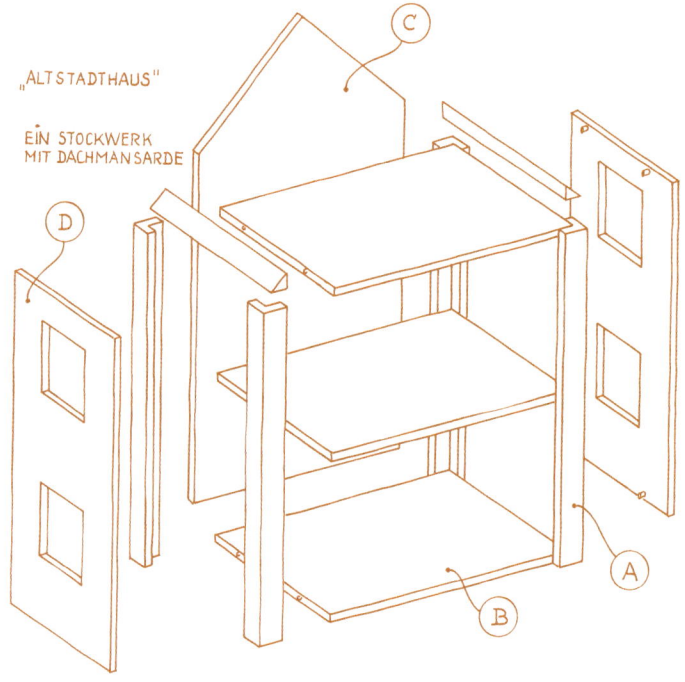

„ALTSTADTHAUS"

EIN STOCKWERK
MIT DACHMANSARDE

Rohbau

Beginnen Sie mit dem Zuschnitt
der Teile A bis D. Die 4 Leisten der
Säulen (Teile A) verleimen Sie
zu einer rechteckigen Säule. Nachdem der Leim abgebunden hat,
wird die Säule in der Mitte aufge-
trennt, um die vier Winkelsäulen
zu erhalten. Sie können auch jede
Winkelsäule einzeln verleimen,
dies ist jedoch zeitaufwändiger.

In die zugesägten Bodenplatten
(Teile B) bohren Sie an den kurzen
Seiten des untersten und obersten
Bodens jeweils zwei Löcher mit
6 mm Durchmesser, in die später
die Dübel der Seitenwände eingesteckt werden.

Verschrauben Sie die Bodenplatten
mit den Säulen, beginnend mit
dem untersten Boden. Bohren Sie
dazu vor und erweitern Sie das
Bohrloch mit einem Krauskopf,
sodass die Schraube bündig mit
der Oberfläche abschließt. Nach
der Befestigung des untersten
Bodens stellen Sie vier 230 mm
lange Abstandhalter in die Ecken.
Dies erleichtert das Anschrauben
der weiteren Böden.

Aus den Seitenwänden (Teile D)
werden die Fenster oder Türausschnitte gesägt. Besitzen Sie
bereits Puppenmöbel, so können
Sie die Fensterausschnitte entsprechend versetzen, um den Platz
an der Wand an das Möbelstück
anzupassen. Zum Aussägen verwenden Sie eine Stichsäge.

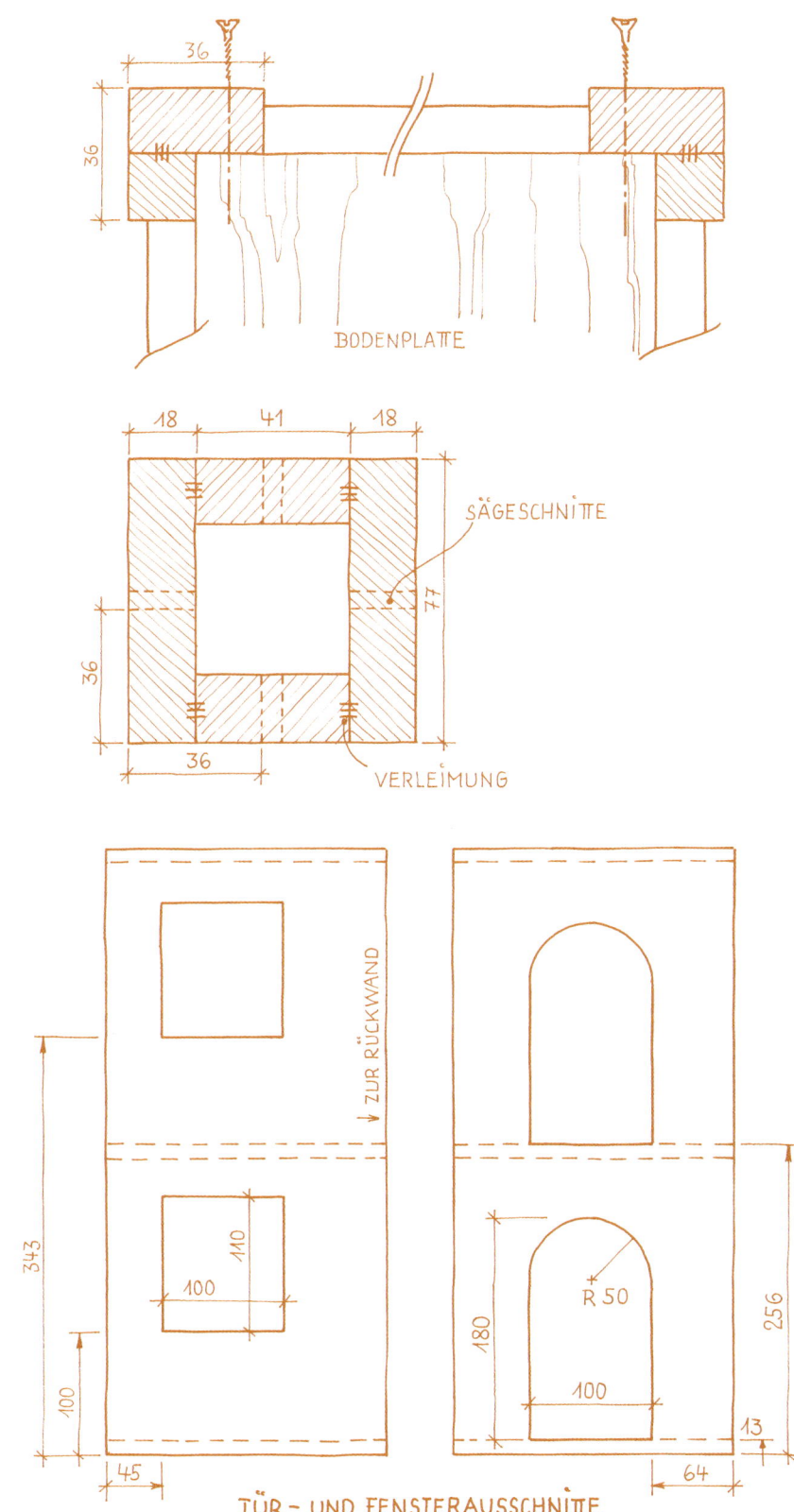

BODENPLATTE

SÄGESCHNITTE

VERLEIMUNG

ZUR RÜCKWAND

TÜR- UND FENSTERAUSSCHNITTE

Passen Sie die Seiten zwischen die Winkelsäulen ein. Damit die Wände wieder entfernt werden können, werden sie nicht mit dem Haus verleimt. Setzen Sie jeweils oben und unten zwei Runddübel mit 6 mm Durchmesser ein. Um ihre Position zu ermitteln, stecken Sie in die Löcher der Bodenseiten Zentrierspitzen und drücken die Seitenwände dagegen. So erhalten Sie präzise Markierungen für die Bohrlöcher. Die Dübel dürfen nur in die Seitenwände geleimt werden. Der Vorteil der beweglichen Wände liegt in der größeren Bespielbarkeit des Hauses. Außerdem können zwei Häuser zusammengestellt und durch Entfernen der Wände größere Räume gestaltet werden.

Als Nächstes wird an der Rückwand (Teil C) die Dachschräge von 45 Grad gesägt. Sie beginnt im

Abstand von 519 mm von der unteren Kante. Die Rückwand wird eingepasst und direkt an den drei Böden angeschraubt. Die Dreikantleisten (Teile G) werden vorbereitet, sie werden aber erst zum Schluss beim endgültigen Zusammenbau montiert. Schrauben Sie die Firstleiste (Teil F) an der rückwärtigen Giebelspitze fest, dann sägen Sie den vorderen Giebel zu.

Der vordere Giebel wird aus einer 13 mm dicken Tischlerplatte (Maße 400 x etwa 350 mm) ausgesägt. Wählen Sie eine Vorlage für den Giebel und vergrößern Sie die Zeichnung auf einem Kopierer. Wichtig ist dabei das Breitenmaß von 400 mm. Übertragen Sie die Außenkontur des Giebels von der Kopie auf die Platte (zur Vorgehensweise siehe Seite 12). Mit einer geeigneten Säge (Band-,

Die Firstleiste wird an der Rückwand und am Giebel verschraubt. Sie trägt die beiden Dachseiten, die entweder fest angeschraubt sind oder in Dübel eingehängt und zum Spielen abgenommen werden können.

Dekupier- oder Laubsäge) kann der Giebel nun ausgesägt werden. Die erhabenen dekorativen Teile des Giebels bereiten Sie auf die gleiche Weise vor.

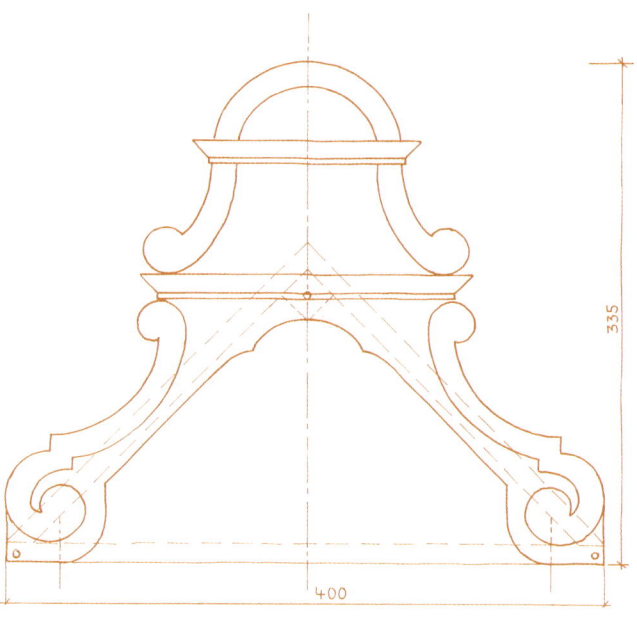

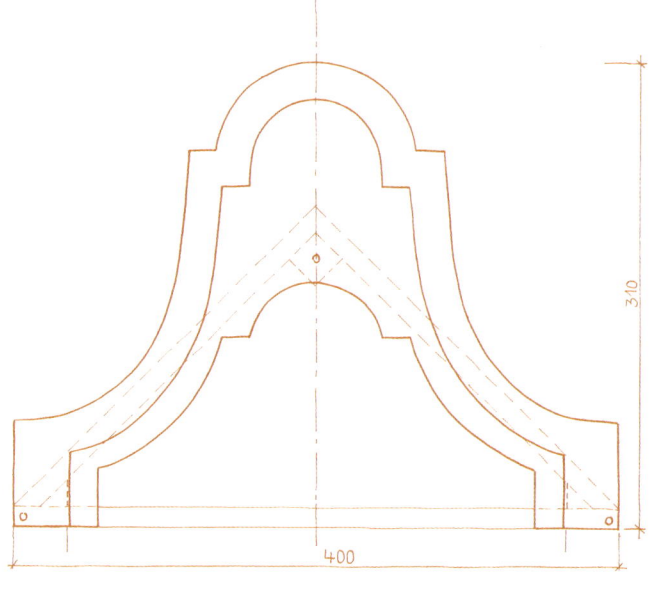

Sie werden aus 4 mm dickem Sperrholz ausgesägt, aber noch nicht montiert. Ist alles so weit fertig gestellt, wird die Giebelplatte an die Winkelsäulen und die Firstleiste geschraubt.

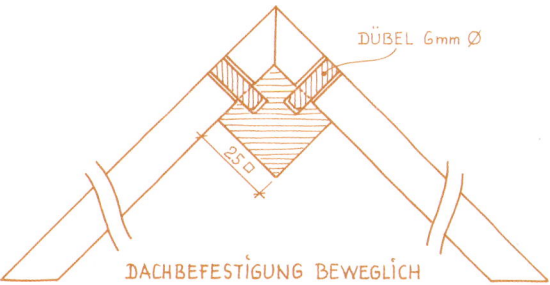

Als Letztes werden die Dachflächen (Teile E) zugesägt und angebracht. Wird das Haus überwiegend zum Spielen verwendet, ist es sinnvoll, das Dach so zu befestigen, dass es sich abnehmen lässt. Dazu setzen Sie in die Firstleiste jeweils zwei Runddübel mit 6 mm Durchmesser, durchbohren die Dachflächen an den entsprechenden Stellen und hängen sie ein. Auch hier können die Bohrpunkte mit Zentrierspitzen markiert werden. Wenn Sie das Dach direkt aufschrauben, decken Sie den Dachfirst noch mit einer Winkelleiste ab.

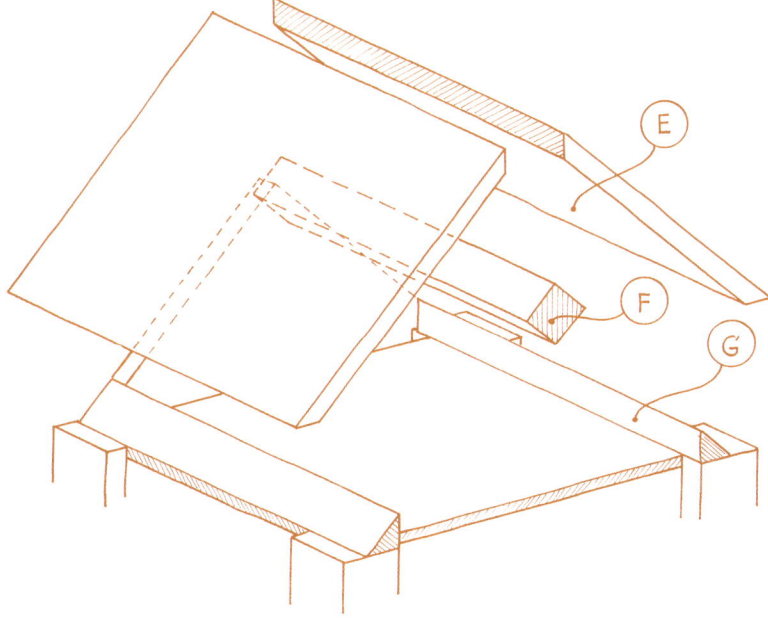

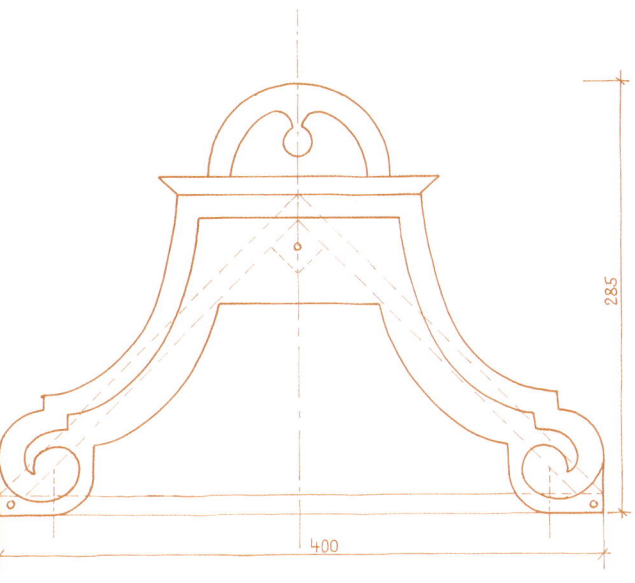

Erst nach dem Bemalen befestigt man die dekorativen „Stuckelemente" an der Fassade.

Sie können die Seitenteile nur mit Fenstern gestalten oder eine kleine Terrasse oder einen Balkon anbauen. Die Entscheidung bleibt Ihnen überlassen. Für einen Balkon oder eine Terrasse sägen Sie aus den Seitenwänden Türöffnungen aus.

Das Altstadthaus eröffnet eine Vielzahl von Möglichkeiten individueller Gestaltung. Hier wurden in die Seitenwände nur Fenster mit einfachen Fensterkreuzen eingesetzt.

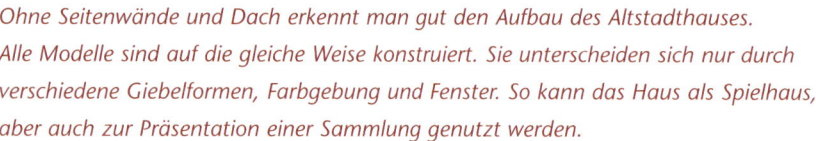
Ohne Seitenwände und Dach erkennt man gut den Aufbau des Altstadthauses. Alle Modelle sind auf die gleiche Weise konstruiert. Sie unterscheiden sich nur durch verschiedene Giebelformen, Farbgebung und Fenster. So kann das Haus als Spielhaus, aber auch zur Präsentation einer Sammlung genutzt werden.

Balkone sind eine weitere Gestaltungsvariante. Sie können auch mit Fenstern kombiniert werden.

Für Balkon und Terrasse brauchen Sie drei kleine Platten Tischlerplatte, 13 mm dick und etwa 205 x 115 mm groß, auf die Sie die Maße der Zeichnung übertragen.

Eine Platte benötigen Sie für die Terrasse. Sie wird ausgesägt, geschliffen und angeschraubt. Für den Balkon heften Sie zwei Platten mit kleinen Nägeln zusammen und sägen sie aus. Reißen Sie mit dem Zirkel die Bohrpunkte an und

bohren Sie die Löcher für die Geländerstäbe (Durchmesser 8 mm) durch das obere Brett etwa bis zur Mitte des unteren. Anschließend trennen Sie beide Platten.

Bei dem nur zur Hälfte gebohrten Brett wird jetzt der Innenradius angezeichnet und ausgesägt. Dies ergibt das Balkongeländer. Beide Teile können nun durch die Geländerstäbe miteinander verbunden werden.

Tipp! *Es ist ratsam, die Rundstäbe vor dem Montieren zu streichen. Am besten streichen Sie den ganzen Rundstab zweimal und sägen die Geländerstäbe erst dann auf das gewünschte Maß zu.*

Sind Balkon und Terrasse angeschraubt, wird zum Schluss, wenn auch die Seitenteile gestrichen sind, noch eine Türschwelle angebracht.

BALKON „ALTSTADTHAUS"

BALKONBEFESTIGUNG AN DER SEITENWAND

Ø 8 RUNDHOLZ – BUCHE

24

R 100

R 85

200

80

72

10

TÜRSCHWELLE 100 × 20 × 5

Fenster

Für die Gestaltung der Fenster stehen zwei Alternativen zur Wahl. Die einfache Lösung ist, zwei Leisten (Querschnitt 10 x 10 mm) mit einer Kreuzüberblattung zu einem Fensterkreuz zu verbinden. Ein Fensterbrett wird eingesetzt und das Fensterkreuz in die Öffnung eingepasst.

Die zweite Lösung ist sicher die reizvollere, entspricht sie doch einem richtigen Fenster, allerdings mit der Einschränkung, dass es nicht zu öffnen ist. Schneiden Sie die Leisten zu, sägen Sie die Aussparungen ein und entfernen Sie das dazwischen liegende Holz (siehe Seite 10 Abschnitt Holzverbindungen). Aus der Montagezeichnung ist zu erkennen, wie die Teile miteinander verleimt werden.

Bauen Sie zuerst den Fensterrahmen (Teile H und I), passen Sie das Fensterkreuz (Teile J und K) ein und leimen Sie beides zusammen auf das Fensterbrett (Teil L). Das Fensterbrett sollte nach innen etwa 6 mm überstehen. Ist der Leim getrocknet, bringen Sie den äußeren Blendrahmen an (Teile M und N). Die Innenverblendung (Teile N und O) wird vorbereitet. Sie kann erst angebracht werden, wenn das Fenster eingebaut ist. Jetzt sind alle Teile fertig zum Streichen.

Die Fenster werden gesondert zusammengebaut. Bevor sie in die Außenwand eingesetzt werden, leimen Sie außen die Verblendung auf den Fensterrahmen. Die Blendleisten sind auf Gehrung geschnitten. Anschließend wird das Fenster in die Öffnung geleimt. Es sollte aber vorher gestrichen sein.

Die Innenverblendung endet mit der Unterkante des Fensterbretts. Vor der Montage mit kleinen Nägeln setzen Sie die Acrylglasscheibe dazwischen. Die Leisten sollten Sie vorher streichen.

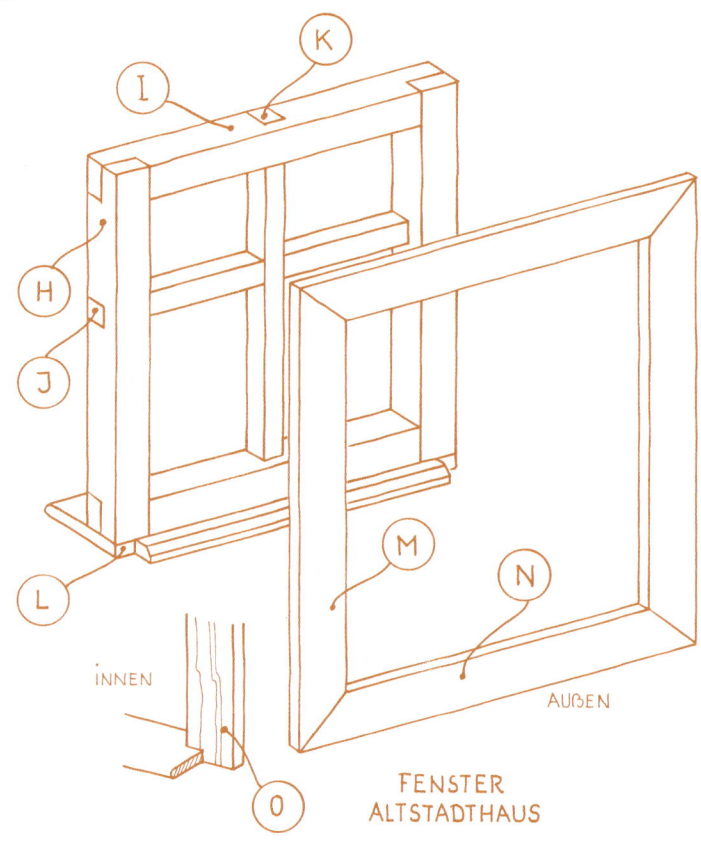

FENSTER
ALTSTADTHAUS

Treppe

Der Innenraum des Altstadthauses ist dem Spielen vorbehalten, daher wurde dort bewusst auf den Einbau einer Innentreppe verzichtet. Sie können jedoch eine Wendeltreppe bauen, die an der Außenseite des Hauses aufgestellt wird.

Aus der Zeichnung ist die Bauweise zu erkennen. Die Treppe lässt sich leicht nacharbeiten. Die achteckige Mittelsäule wird aus einem Kantholz mit dem Querschnitt 30 x 30 mm geschnitten und auf der Kreissäge schrittweise eingesägt. Für die 6 mm breiten Einschnitte sind jeweils zwei Sägeschnitte erforderlich. Nach jedem fertigen Einschnitt wird die Säule um eine Auflagefläche weiter gedreht. In die Einschnitte leimen Sie die vorbereiteten halbrunden Stufen ein.

Am besten ist es, wenn Sie alle Teile vor dem Einleimen streichen. Die fertige Wendeltreppe schrauben Sie auf die halbrunde Grundplatte. Als oberen Abschluss setzen Sie eine Kugel auf die Mittelsäule.

WENDELTREPPE „ALTSTADTHAUS"

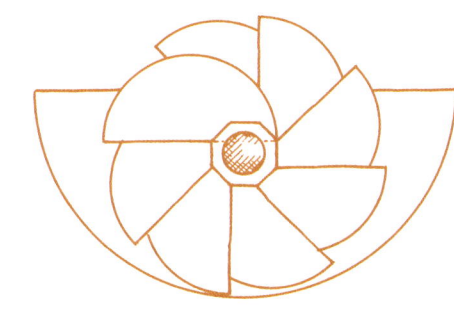

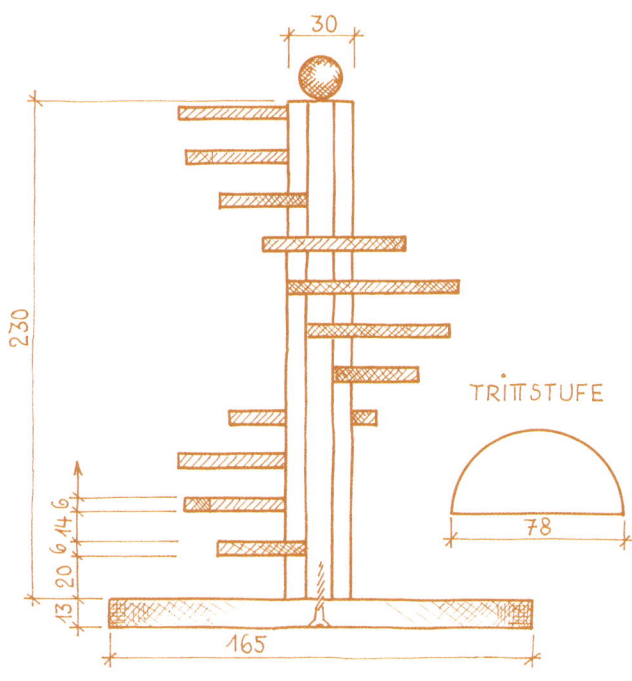

Um Platz im Innern des Hauses zu sparen, wurde die Treppe nach außen verlegt und als Wendeltreppe gebaut. Da sie nicht fest mit dem Haus verbunden ist, kann sie auch an der Seite aufgestellt werden.

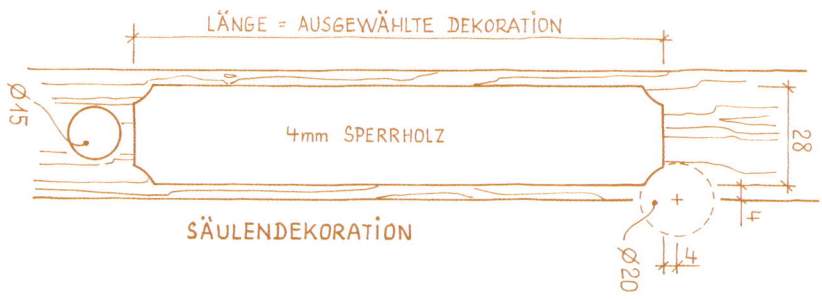

Dekorative Arbeiten

Zu diesem Zeitpunkt sollten Sie das Haus im Rohbau zusammengebaut vor sich stehen haben. Die Fenster sind ebenfalls fertig, aber noch nicht eingebaut. Je nachdem, für welches Altstadthaus Sie sich entscheiden, werden die dekorativen „Stuckarbeiten" vorbereitet.

Die Giebeldekoration haben Sie bereits aus Sperrholz ausgesägt. Bei Fenstern, die nur aus einem Fensterkreuz bestehen, wird außen ein Dekor aus 4 mm dickem Sperrholz aufgesetzt.

Zur Dekoration der Winkelsäulen verwenden Sie ebenfalls 4 mm dickes Sperrholz. Die Maße entnehmen Sie aus der Zeichnung

oben rechts. Die 3 mm dicken runden Scheiben sägen Sie von Rundstäben mit entsprechendem Durchmesser ab.

Die Giebelsimse werden aus einer 5 mm dicken Quadratleiste und einer Dreieckleiste mit einer Schenkellänge von 15 mm zusammengesetzt. Kürzen Sie einen Schenkel der Dreieckleiste um 5 mm, um die Quadratleiste dagegenzuleimen. Nach dem Verleimen wird der Giebelsims im Winkel von 45 Grad abgesägt und angepasst.

Nun fehlt nur noch die farbliche Gestaltung. Sie haben sicher schon die Erfahrung gemacht, dass es mühsam ist, kleine Kästchen innen zu streichen. Das Altstadthaus ist deshalb so gebaut, dass es sich vor der endgültigen Fertigstellung komplett zerlegen lässt. Die einzelnen Teile lassen sich dann viel leichter streichen.

Bevor Sie mit dem Streichen beginnen, sollten Sie auf Seite 12 nachlesen, wie z. B. die Steine auf den Säulen gestaltet wurden. Wenn alles gestrichen und die Farbe getrocknet ist, bauen Sie das Haus zusammen. In die Fensteröffnungen setzen Sie die Fenster ein. Zusätzlich können Sie noch Acrylglasscheiben anbringen, bevor die Innenverblendung befestigt wird. Alle übrigen Teile werden verschraubt, nicht aber die Seitenwände, die nur eingesteckt werden.

FENSTER MIT AUFGESETZTEM DEKOR

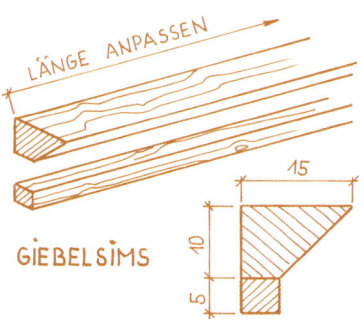

GIEBELSIMS

Leimen Sie die dekorativen Klein-
teile fest. Sie werden zusätzlich
mit kleinen Nägeln gesichert.
Gleisnägel aus dem Modellbau
sind dafür gut geeignet. Die Nagelköpfe zwicken Sie mit einem
Seitenschneider ab.

Durch die Dekorationen werden
die meisten Schrauben verdeckt.
Wo sie sichtbar sind, können Sie
nochmals mit etwas Farbe nacharbeiten.

Jetzt haben Sie es geschafft, das
Haus ist fertig. Sicherlich warten
schon einige Bewohner darauf,
endlich mit ihren Möbeln einziehen zu können, auch wenn
es noch etwas nach Farbe riecht.
Puppen sind da nicht so emp-
findlich.

*Als Scheibe verwenden Sie am besten eine
Acrylglasscheibe. An den Säulen leimen Sie
innen eine Kiefernholzleiste, Querschnitt
3 x 5 mm, im Abstand der Glasdicke an.
Hinter die Leiste schieben Sie die Scheibe.
Sie wird mit zwei Messingschrauben an
der Bodenplatte festgeschraubt.*

*Nur als eingeschossiges Haus gebaut,
bietet es Raum für eine klassische Puppenküche. Dies kann der Anfang für eine
größere Sammlung sein, für die mehrere
Häuser in Reihe aufgestellt werden können. Um die Sammelobjekte zu schützen,
ist es sinnvoll, die Front zu verglasen.*

Das schwedische Sommerhaus
erinnert Sie vielleicht an die
Kinderbücher von Astrid Lindgren.
Die Bauweise ist typisch für
Schweden und die Häuschen wer-
den gern als Sommerhäuser
genutzt. Zum Spielen oder zum
Aufstellen des Hauses ist das
Tischchen sehr praktisch. Das
Haus kann aber auch ohne
Tischchen gebaut werden.

Sommerhaus „Södra Sätra"

Wenn Sie schon einmal in Skandinavien Ihre Ferien verbracht haben, kommt Ihnen dieses Haus sicher sehr bekannt vor. Man muss aber nicht in Schweden gewesen sein, denn in vielen Kinderbüchern und Filmen begegnet man solchen kleinen roten Häusern auf Schritt und Tritt. Für Sammler ebenso wie für Kinder ist es ein besonderes Puppenhaus. Wird dazu noch der kleine Tisch gebaut, besitzt man ein außergewöhnlich dekoratives Schmuckstück im Wohn- oder Kinderzimmer.

Der Name bedeutet übrigens „südliche Alm", obwohl das Haus im hohen Norden anzusiedeln ist. Ein Geheimnis sei noch verraten: Das Haus gibt es wirklich, und die Idee zu diesem Buch ist dort entstanden.

Für die Gestaltung der Außenwände benötigen Sie Leisten mit den Querschnitten 3 x 20 mm und 3 x 5 mm. Die Abmessungen der kleinen Zuschnitte sind aus den bemaßten Detailzeichnungen abzulesen. Kreuzschlitzschrauben 3,0 x 40 mm benötigen Sie zur Montage, außerdem 2 Dachscharniere 50 x 50 mm (geöffnet), 4 Türscharniere 32 x 50 mm, 2 Schatullenscharniere.

Schnittliste

	Stück	Abmessung in mm	Werkstoff
Haus			
A	1	476 x 336 x 18	Leimholz – Fichte
B	2	523 x 286 x 18	Leimholz – Fichte
C	1	398 x 390 x 18	Leimholz – Fichte
D	2	390 x 250 x 18	Leimholz – Fichte
E	1	250 x 60 x 18	Leimholz – Fichte
F	2	310 x 191 x 18	Leimholz – Fichte
G	2	526 x 260 x 18	Leimholz – Fichte
Schubladen			
H	2	214 x 160 x 8	Sperrholz – Pappel
I	4	230 x 52 x 8	Sperrholz – Pappel
J	4	160 x 52 x 8	Sperrholz – Pappel
K	2	191 x 70 x 18	Leimholz – Fichte

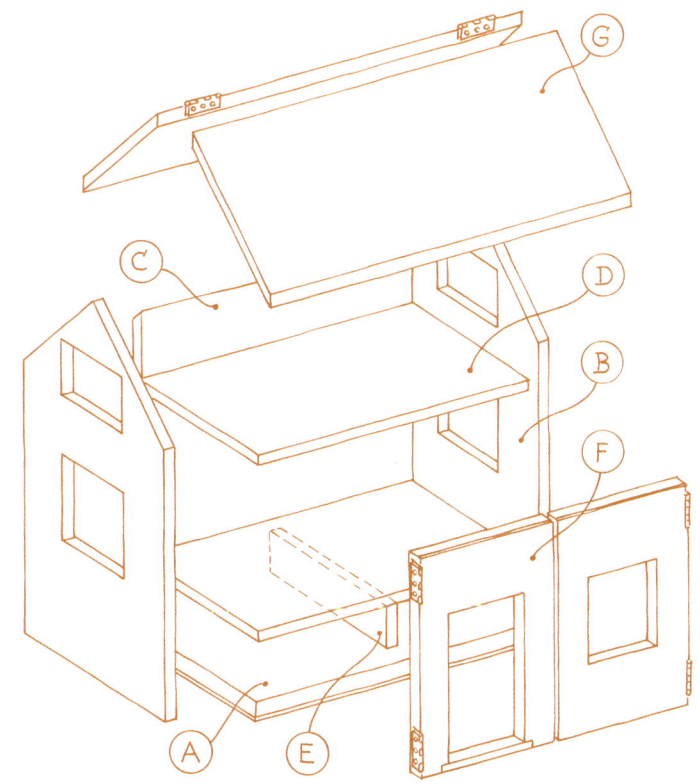

Rohbau

Die Teile A bis G werden aus 18 mm dickem Leimholz vorbereitet. Die Kanten der Bodenplatte (Teil A) schrägen Sie im Winkel von 45 Grad ab. Der Firstwinkel der beiden Seitenteile (Teile B) beträgt ebenfalls 45 Grad.

Übertragen Sie die Umrisse für Fenster und Tür aus der Zeichnung auf die vorbereiteten Platten. Sägen Sie die Ausschnitte mit einer Stichsäge aus. Zur Stabilisierung wird bei der Tür unten eine Türschwelle eingeleimt.

Die Seitenteile richten Sie mittig auf der Bodenplatte aus. Legen Sie dabei die Rückwand zwischen die Seitenteile, damit die Abstände stimmen. Schrauben Sie die Seiten von unten fest. Setzen Sie die Rückwand ein. Der obere Rand wird an die Dachschräge angepasst.

Auf der Bodenplatte wird die Trennwand zwischen den beiden Schubladen (Teil E) befestigt, sodass zwei gleich große Fächer entstehen. Setzen Sie den unteren Zwischenboden ein. Er wird mit den Seiten verschraubt. Zur Erleichterung der Arbeit legen Sie Holzklötze unter, die der Höhe der Trennwand entsprechen.

Der obere Zwischenboden wird auf die gleiche Weise montiert. Hier verwenden Sie Abstandhalter von 230 mm Länge. Beide Böden können Sie noch mit der Rückwand verschrauben, damit sich das Leimholz nicht verzieht. Dies könnte geschehen, wenn die Oberfläche nur einseitig oder unterschiedlich behandelt wird.

Die Längsseiten der Dachflächen werden im Winkel von 45 Grad zugeschnitten und mit den Scharnieren verbunden. Damit die Dachflächen am First möglichst dicht schließen, werden die Scharniere beidseitig eingelassen. Bei den Abmessungen der Ausklinkungen müssen Sie sich nach den Scharnieren richten, die Sie verwenden.

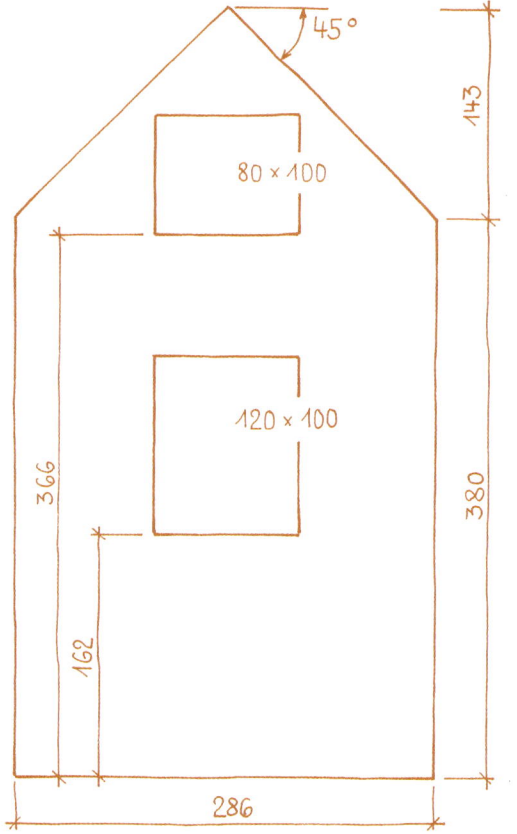

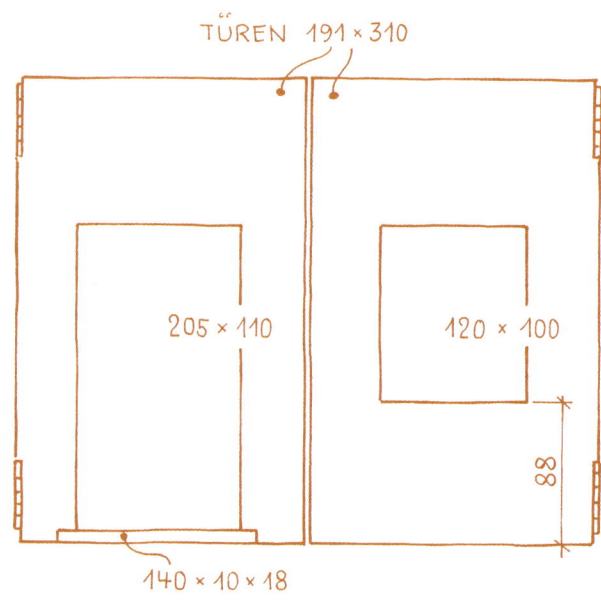

PLATZIERUNG DER FENSTER UND TÜREN

Die hintere Dachfläche wird an die Dachschrägen der Seitenwände geschraubt. Die Scharniere der geteilten Vorderseite bringen Sie ebenfalls an. Auch sie werden eingelassen, aber nur in den Teilen der Vorderwand. Am Haus werden sie erst befestigt, wenn die Schubladen eingeschoben sind. Dann lässt sich die vordere Wand besser einpassen.

Für die Schubladen sägen Sie die Teile H bis K zu. Die Seitenteile (Teile I und J) werden auf den Schubladenboden geleimt und zusätzlich mit Nägelchen gesichert. Damit die Schubladen leichter gleiten, leimen Sie in die Schubladenöffnungen Führungsleisten mit einem L-förmigen Querschnitt ein. Sie werden jeweils aus zwei 250 mm langen Kiefernleisten zusammengesetzt. Eine mit dem Querschnitt 20 x 3 mm wird auf dem Boden, die andere mit dem Querschnitt 10 x 3 mm an der Seite festgeleimt.

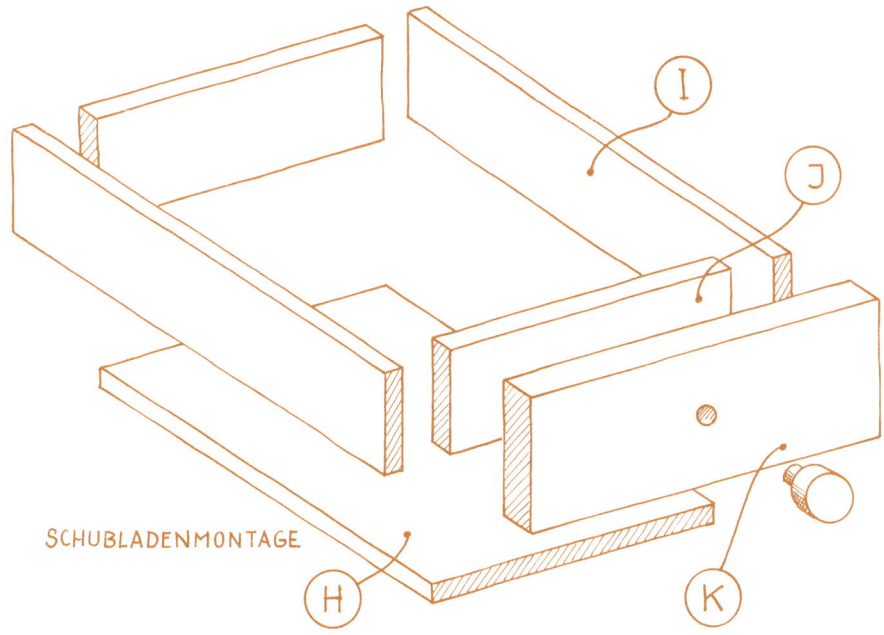

SCHUBLADENMONTAGE

Schieben Sie die Schubkästen ein und richten Sie die Blende (Teil K) aus. Sie wird angeschraubt. Die geteilte Vorderwand schrauben Sie mit den Scharnieren an die Seitenwände. Eventuell müssen Sie die Vorderwand noch an Ihr Haus anpassen.

Es macht viel Arbeit und ist sehr mühsam, das Puppenhaus zu streichen, wenn es zusammengebaut ist. Daher empfehle ich, es wieder auseinander zu nehmen und die Teile einzeln zu streichen. Den Übergang zum „Steinfundament" kleben Sie mit Malerkreppband ab. Wie das Muster der Steine entsteht, ist auf Seite 12 beschrieben. Auch die Fenster- und Türöffnungen werden innen gestrichen.

Wenn die Farbe gut durchgetrocknet ist, wird das Puppenhaus wieder zusammengebaut. Jetzt können Sie die Teile auch zusätzlich verleimen.

Auf eingeleimte Laufleisten sollten Sie auf keinen Fall verzichten. Sie geben den Schubladen eine sichere Führung und lassen sie besser gleiten. Am besten eignen sich dafür Hartholzleisten, z. B. aus Buche. Preiswerter und leichter zu beschaffen sind jedoch Leisten aus Kiefernholz, die für diese Zwecke durchaus genügen.

Fenster, Türen, Kamin

Schnittliste

	Stück	Abmessung in mm	Werkstoff
Fenster			
A	6	115 x 10 x 10	Kiefernleiste
B	6	100 x 10 x 10	Kiefernleiste
C	3	100 x 6 x 6	Kiefernleiste
D	3	115 x 6 x 6	Kiefernleiste
E	5	100 x 40 x 5	Kiefernleiste
F	4	75 x 10 x 10	Kiefernleiste
G	4	100 x 10 x 10	Kiefernleiste
H	2	100 x 6 x 6	Kiefernleiste
I	2	75 x 6 x 6	Kiefernleiste
Türe			
J	2	200 x 12 x 12	Kiefernleiste
K	1	110 x 12 x 12	Kiefernleiste
L	1	110 x 22 x 5	Kiefernleiste
M	1	188 x 83 x 8	Pappelsperrholz
Fensterverblendung			
N	5	130 x 13 x 3	Kiefernleiste
O	6	135 x 13 x 3	Kiefernleiste
	4	95 x 13 x 3	Kiefernleiste
P	5	87 x 13 x 3	Kiefernleiste
Q	2	195 x 13 x 3	Kiefernleiste
R	1	135 x 13 x 3	Kiefernleiste

Der Zusammenbau der Tür, der Fenster und der Verblendungen geht aus den nebenstehenden Zeichnungen hervor. Nachdem Sie die Leisten entsprechend der Schnittliste vorbereitet haben, klinken Sie die Verbindungsstellen aus und leimen die Teile zusammen.

Das Fensterkreuz der kleinen Fenster ist genau mittig gesetzt, das Querholz des großen Fensters beginnt 60 mm von der Unterkante des Rahmens. Der Fenstersims steht 6 mm nach außen über. Die Tür wird mit zwei Schatullenscharnieren am Rahmen befestigt. Mit einem kleinen Drehriegel kann sie verschlossen werden.

Die Außenverblendungen der Fenster und der Tür werden direkt auf den Rahmen geleimt. Die fertigen Fenster können nach dem Streichen in die Öffnungen eingeleimt werden. Innen können Sie noch Acrylglas dagegen kleben oder mit kleinen Nägeln befestigen.

Für die Eingangstür gilt das Gleiche wie für das Fenster. Vor dem endgültigen Einbau sollte die Tür am Rahmen angebracht und alles gestrichen werden.

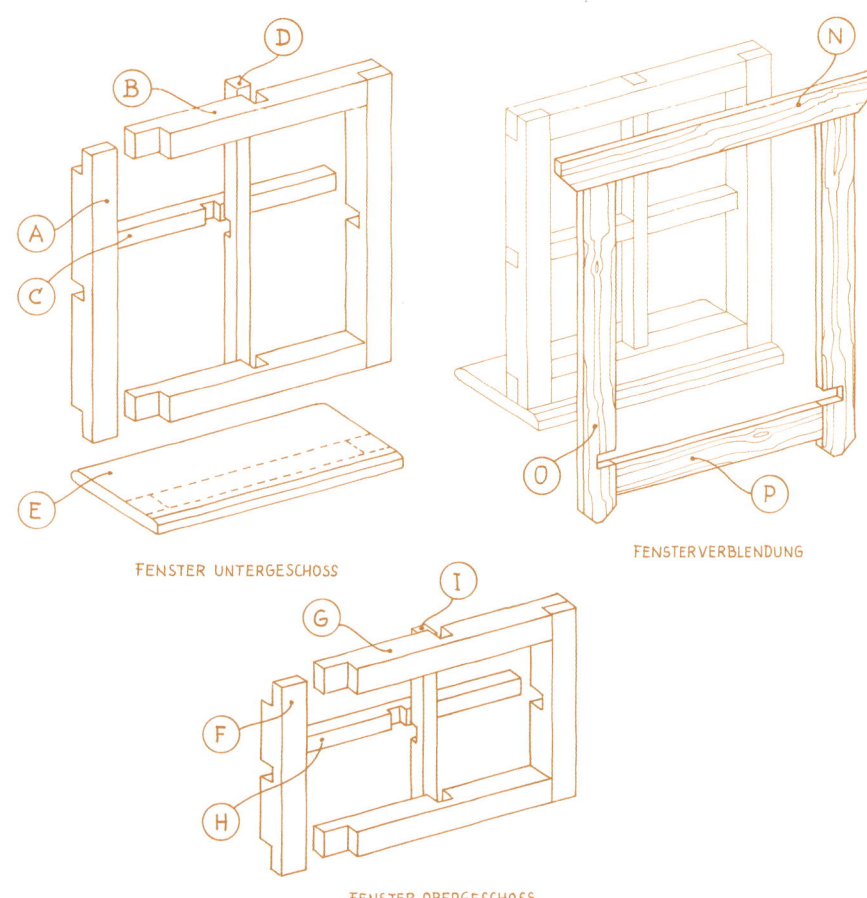

FENSTER UNTERGESCHOSS

FENSTERVERBLENDUNG

FENSTER OBERGESCHOSS

Innenansicht des Fensters. So vorbereitet mit der angeleimten Außenverblendung setzen Sie die Fenster in die Öffnungen ein. Die Innenverblendung können Sie wie bei den Fenstern im Altstadthaus anbringen. Sind die Fensteröffnungen passgenau ausgesägt, kann auf eine Innenblende auch verzichtet werden.

Der Kamin ist so auf der hinteren Dachfläche angebracht, dass sich die aufgeklappte vordere Dachhälfte darauf ablegen lässt.

Der Kamin dient zugleich als Stütze für die aufgeklappte vordere Dachfläche. Sie kann, wenn das Dach geöffnet ist, sogar als Terrasse genutzt werden. So entsteht eine weitere Spielfläche am Haus.

Sägen Sie die Teile nach der Zeichnung zu und leimen Sie den Kamin zusammen. Beim Befestigen achten Sie darauf, dass die vordere Dachfläche waagerecht aufliegen kann.

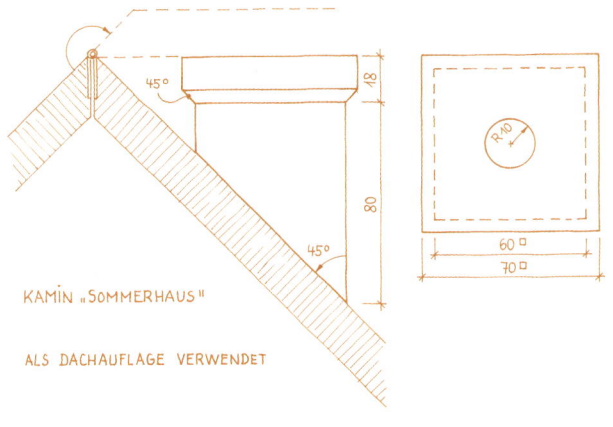

KAMIN „SOMMERHAUS"

ALS DACHAUFLAGE VERWENDET

Zu den letzten Arbeiten am Haus gehört das Anbringen der weißen Dekorationsleisten. Sie brauchen etwa sechs Kiefernleisten, je einen Meter lang, 20 mm breit und 3 mm dick. Das genaue Längenmaß wird direkt am Puppenhaus abgemessen. Es ist vorteilhaft, wenn Sie die Leisten vor dem Ab-

längen streichen. Nach dem Befestigen müssen dann nur noch die Sägeschnitte übermalt werden.

Beginnen Sie mit der Leiste, die das Fundament vom Haus trennt. Sie wird auch an der geteilten Vorderwand befestigt und dient dort gleichzeitig als Sicherung für die

Schubladen. Ist die Vorderwand geschlossen, können die Schubladen nicht geöffnet werden. Anschließend nageln Sie die auf 18 mm Breite zugesägten senkrechten Leisten auf die Stirnseite der Seitenwände. Zuletzt werden die Leisten auf der Wandfläche der Seitenwände bündig mit den Außenkanten aufgenagelt.

Nur bei offener Vorderwand lassen sich auch die Schubladen öffnen. Eine offene Schublade kann mit einem Balkon abgedeckt werden. Eine weitere Möglichkeit ist es, das aufgeklappte Dach als Terrasse einzurichten.

An schwedischen Häusern decken schmale Leisten den Spalt zwischen den einzelnen Brettern ab. Solche Leisten fehlen jetzt noch am Puppenhaus. Die Leisten mit einem Querschnitt von 5 x 3 mm nageln Sie im Abstand von etwa 18 mm auf die Außenwände. Es ist sinnvoll, die Leisten vorher zu streichen.

Abschließend werden noch die Giebelleisten befestigt und das schwedische Puppenhaus ist fast fertig. Es lassen sich einige Dinge ergänzen, die noch mehr Spaß beim Spielen bringen.

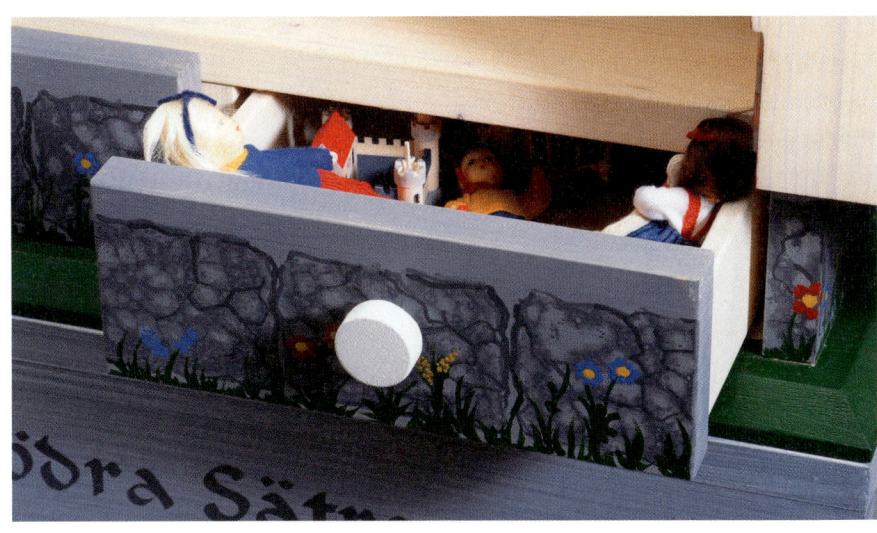

In den Schubladen finden die Spielrequisiten ihren Platz. Wenn sie nicht gebraucht werden, sind sie hier sicher aufbewahrt und trotzdem jederzeit griffbereit.

Zum Beispiel können Sie zwei Brettchen mit den Maßen 195 x 125 x 18 mm zusägen, mit denen die geöffneten Schubladen abgedeckt und die als Balkon gestaltet werden.

Wie Sie ein Balkongeländer bauen, ersehen Sie aus der unten stehenden Zeichnung. Die Eckpfosten sägen Sie aus Reststücken der Leimholzplatte. Die Querleisten werden eingelassen, darauf leimen Sie die Zaunbretter. Wenn es Ihnen zu mühsam ist, so viele Profilbretter auszusägen, können Sie auch einfache gerade Leisten befestigen.

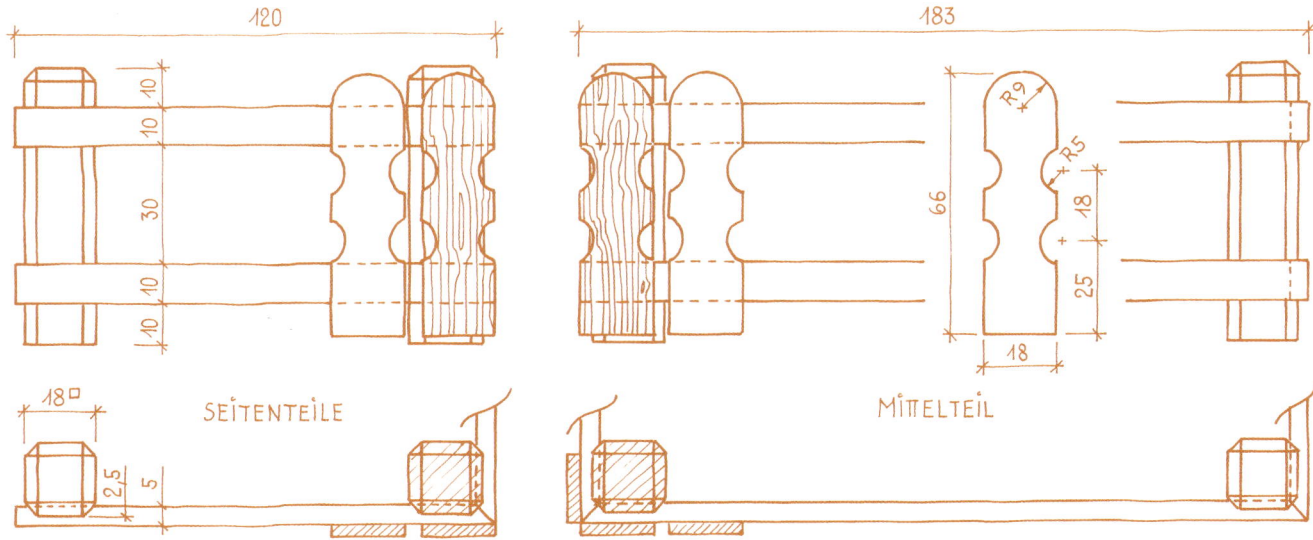

BALKONGELÄNDER „SOMMERHAUS"

Eine Treppe kann ebenfalls aus Reststücken zusammengeleimt werden. Sie wird ganz an das Haus geschoben.

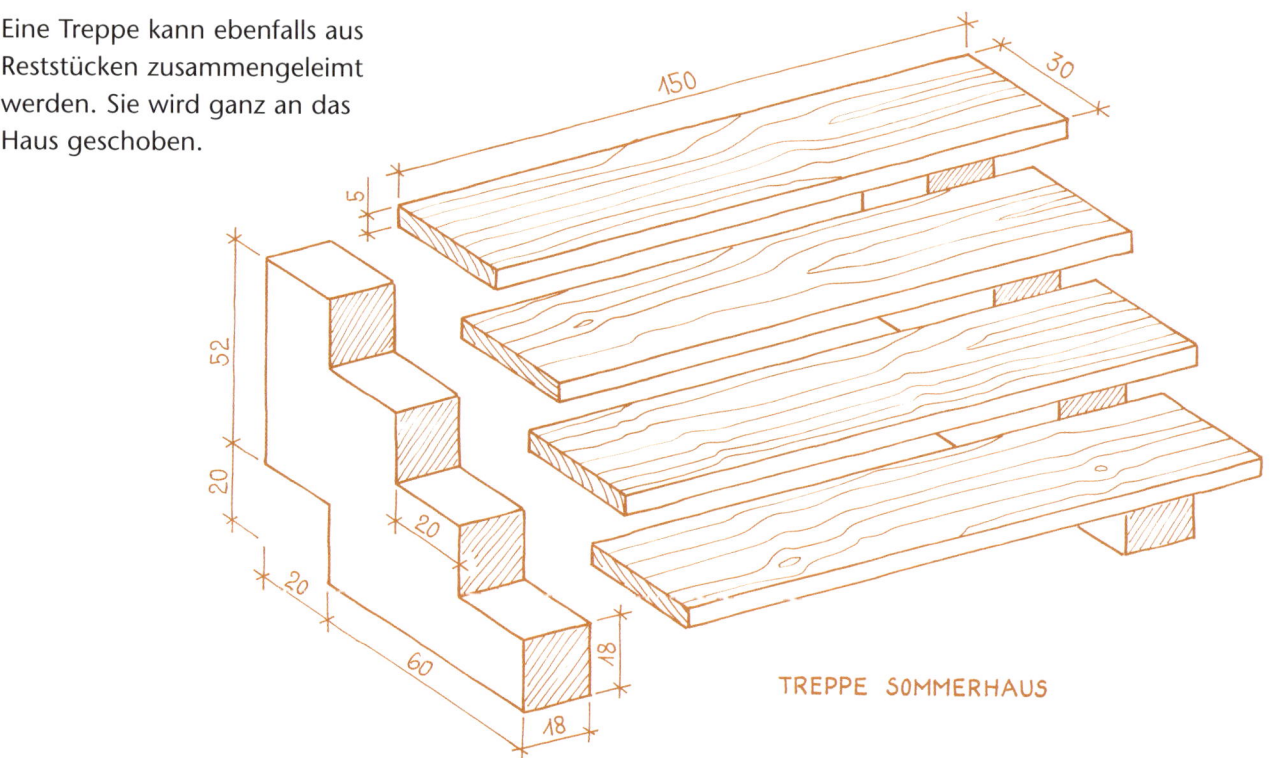

TREPPE SOMMERHAUS

Tischchen für das Sommerhaus

Es ist praktisch, wenn der Sammler sein Puppenhaus auf einem solchen Tischchen präsentieren kann, und Kinder können es gesondert zum Spielen benutzen.

Auch ohne Puppenhaus findet sich bestimmt eine Verwendung für das Tischchen, vielleicht beim nächsten Kindergeburtstag. Wenn Sie die Seitenteile nur etwa 180 mm hoch zuschneiden, können Sie auch noch einen kleinen Schemel zum Sitzen dazu bauen.

Die einzelnen Bauteile sägen Sie aus 18 mm dickem Leimholz nach den Maßen der unten stehenden Zeichnung zu. Sollte die Bodenplatte Ihres Puppenhauses etwas größer oder kleiner ausgefallen sein, so passen Sie die Maße des Tischchens an.

Um die geschwungenen Konturen auf die Seitenteile und Stege zu übertragen, können Sie die Zeichnung mit einem Kopierer vergrößern oder mit den angegebenen Maßen nachzeichnen.
Nach dem Zuschnitt werden die Teile geschliffen, angepasst und verschraubt. Die Schraubenköpfe werden versenkt.

Es erleichtert die Arbeit, wenn Sie die Teile nach dem ersten Zusammenbau nochmals trennen und einzeln streichen.

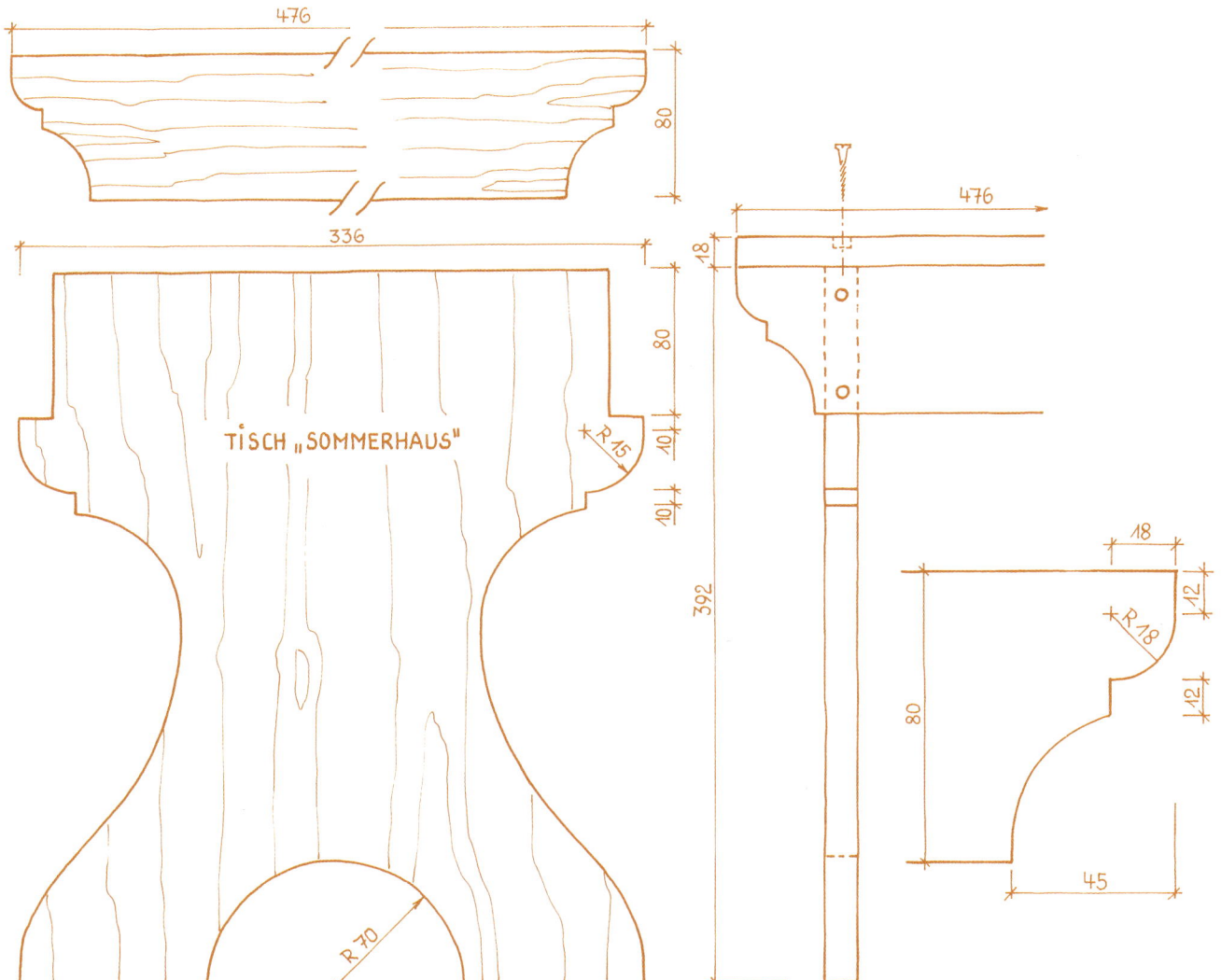

Ein Puppenhaus der anderen Art ist das Ferienhaus. Es ist klein und hat auch im Urlaubsgepäck
Platz. Für ein Bett im Dachgeschoss hat der Platz nicht mehr gereicht, aber im Urlaub schläft
man ja ohnehin gerne im Schlafsack. Dann hat eine ganze Puppenfamilie Platz.

Ferienhaus

Ein Puppenhaus der besonderen Art ist das Ferienhaus. Es kann überall zu Hause sein, ob an der Costa del Sol, in den bayerischen Bergen oder an der Nordseeküste, denn es ist für die Ferien gebaut. Klein und kompakt, findet es sicher noch Platz im Reisegepäck. Die Puppenfamilie freut sich und die Kinder sind froh, wenn sie an Regentagen mit dem Puppenhaus spielen können.

Schnittliste

	Stück	Abmessung in mm	Werkstoff
A	1	370 x 270 x 12	Dreischichtplatte – Fichte
B	2	336 x 250 x 12	Dreischichtplatte – Fichte
C	2	325 x 200 x 12	Dreischichtplatte – Fichte
D	1	325 x 75 x 12	Dreischichtplatte – Fichte
E	4	215 x 13 x 5	Kiefernleiste
F	4	200 x 18 x 5	Kiefernleiste
G	2	380 x 200 x 12	Dreischichtplatte – Fichte

Die Abmessungen der kleinen Zuschnitte sind aus den bemaßten Detailzeichnungen abzulesen. Kreuzschlitzschrauben 3 x 30 mm und ein Rundstab mit 6 mm Durchmesser für die Dübel werden zur Montage gebraucht.

Zusammenbau

Das Ferienhaus wird Ihnen nicht viel Mühe machen, es ist leicht und schnell zu bauen. Beginnen Sie mit dem Zuschnitt der Dreischichtplatten nach den Angaben der Schnittliste. Alternativ können Sie auch MDF-Platten verwenden.

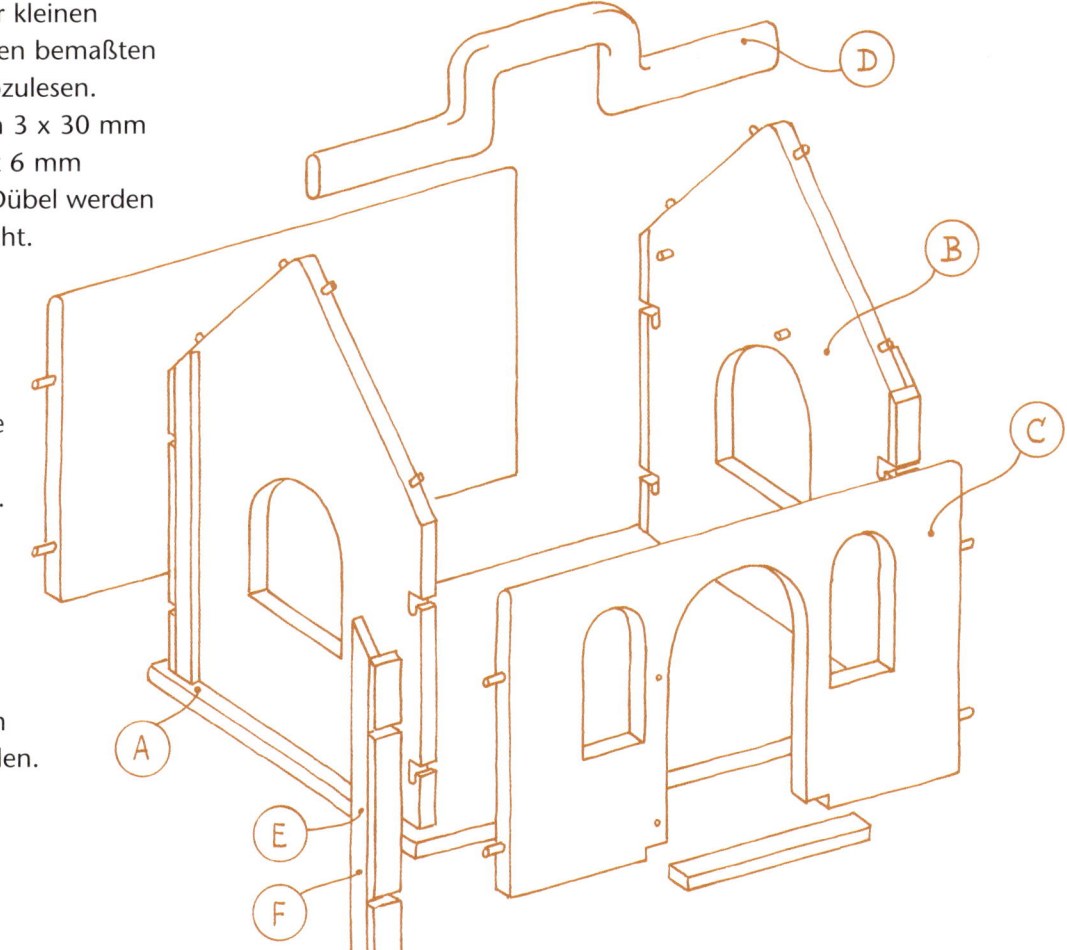

An den Seitenwänden (Teile B)
sägen Sie zuerst die Dachschräge,
der Firstwinkel beträgt 45 Grad.
Die Schräge beginnt im Abstand
von 200 mm von der Unterkante.
In die Schrägen bohren Sie jeweils
30 mm von oben und unten
Löcher für die Dübel, in die Sie
die Dachflächen einhängen.

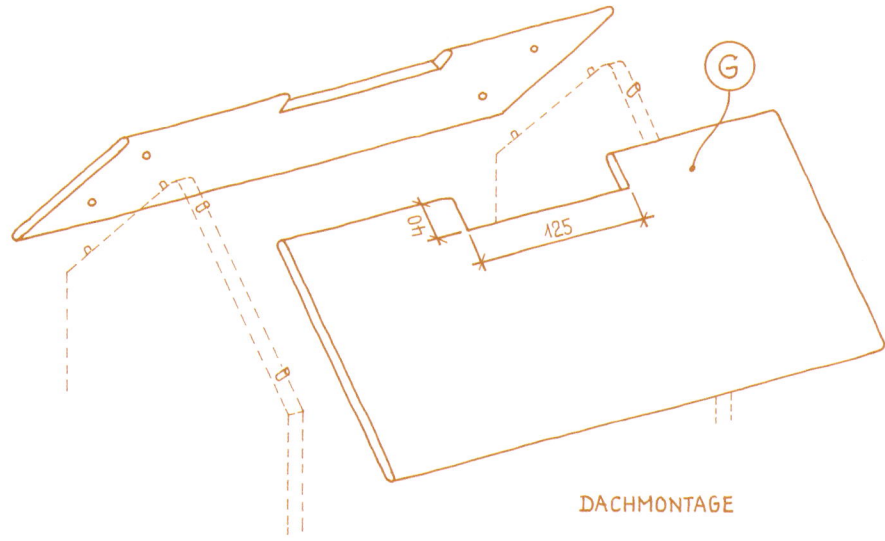

DACHMONTAGE

*Vorder- und Rückwand werden in die
Einschnitte an den Seitenwänden eingehängt. Die Abdeckleiste wird erst nach
dem Einsägen angebracht.*

Die Aussparungen zum Einhängen
der Vorder- und Rückwand können
ebenfalls gebohrt und gesägt
werden.

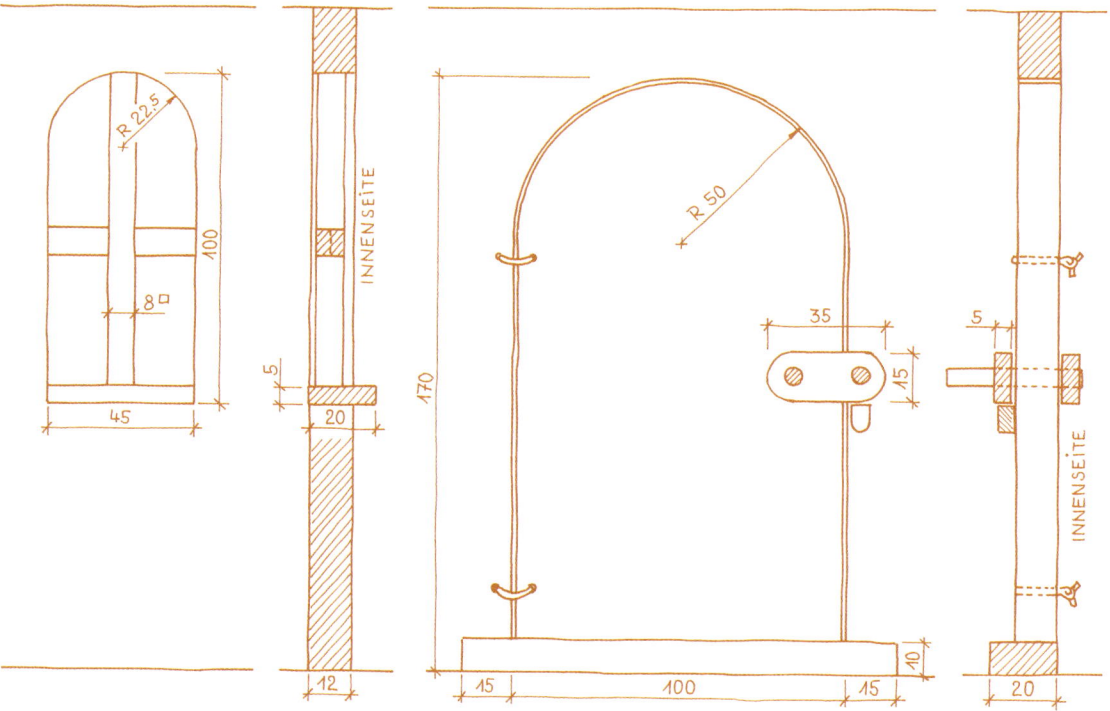

FENSTER- UND TÜRAUSSCHNITTE

Übertragen Sie jetzt die Umrisse der Fenster- und Türöffnungen auf Ihre Zuschnitte und sägen Sie diese mit der Stichsäge aus. Der Türausschnitt kann als Tür verwendet werden. Die eingesetzte Türschwelle stabilisiert die Vorderseite.

Nach den Angaben in der Zeichnung (Mitte rechts) wird der Tragegriff (Teil D) zugesägt und an den Kanten gerundet. Ebenso runden Sie die Kanten der ausgesägten Dachflächen und die oberen Kanten der Vorder- und Rückwand ab. Wenn Sie eine Oberfräse besitzen, können Sie die Kanten auch fräsen. Ansonsten genügt es, sie mit Schleifpapier (Körnung 100) rund zu schleifen.

Wenn auch der Einlegeboden zugeschnitten ist, werden alle Teile geschliffen. Die beiden Seitenwände schrauben Sie auf die Bodenplatte, dabei legen Sie die Vorderwand als Abstandhalter dazwischen. Der Abstand zur Außenkante der Bodenplatte sollte überall gleich sein.

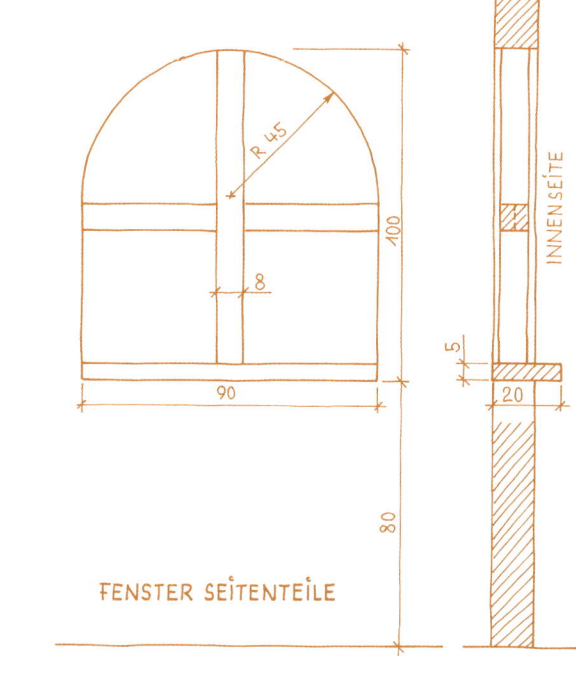

FENSTER SEITENTEILE

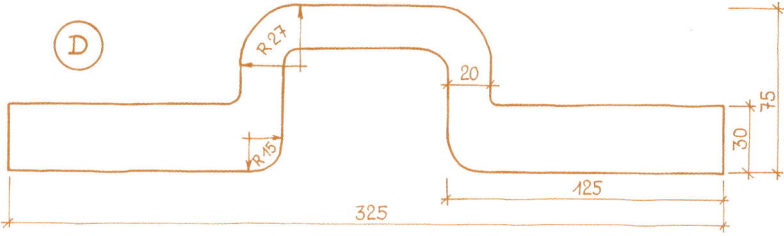

D

TRAGEGRIFF

EINLEGEBODEN

Auch der Tragegriff wird jetzt festgeschraubt. Stellen Sie die Vorder- und die Rückwand zwischen die Seitenwände, um die Bohrlöcher für die Einhängedübel zu markieren. Sitzen diese Teile zu knapp zwischen den Seitenwänden, können Sie etwas nachsägen oder schleifen.

Um die Dübellöcher an der Dachunterseite zu markieren, stecken Sie in die Bohrungen der Dachschrägen Zentrierspitzen.

Legen Sie die Dachseiten auf und drücken Sie sie leicht an. Bohren Sie die Löcher etwa 8 mm tief.

In die Dachschrägen der Seitenwände werden die Dübel geleimt, sodass sie ebenfalls etwa 8 mm hervorstehen. Jetzt kann das Dach aufgelegt werden. Den oberen Boden legen Sie lose ein, wobei Dübel als Bodenträger in die Seiten- wände geleimt werden, oder verschrauben Sie ihn fest mit den Seitenwänden.

Bevor Sie die Fensterkreuze, die Abdeckungen an den Ecken und die Tür anbringen, ist es sinnvoll, das Haus zu streichen. Dazu wird es am besten komplett zerlegt, was die Arbeit wesentlich erleichtert.

Dach und Seiten lassen sich nach Belieben entfernen. Das kommt besonders den Kindern entgegen. Sie bauen immer wieder gerne um und schaffen so ständig neue Spielsituationen.

Zum Schluss bauen Sie die Treppe. Sie wird mit der obersten Stufe in den Einlegeboden eingehängt.

Nun müssen noch die Puppen mit ihren Möbeln einziehen und die Fahrt in die Ferien kann beginnen. Schönen Urlaub – Sie haben ihn verdient.

Nach dem Trocknen der Farbe wird das Haus zusammengebaut. Jetzt bringen Sie auch die Eckabdeckungen und die vorbereiteten Fensterkreuze an.

Mit einer Lederschnur als Scharnier wird die Tür befestigt. Sie erhält einen kleinem Schließriegel aus Holz (siehe auch Zeichnung auf Seite 38 Fenster- und Türausschnitte).

Zwei Lederbänder dienen als Scharnier für die Tür. Sie wird mit einem einfachen Drehriegel verschlossen.

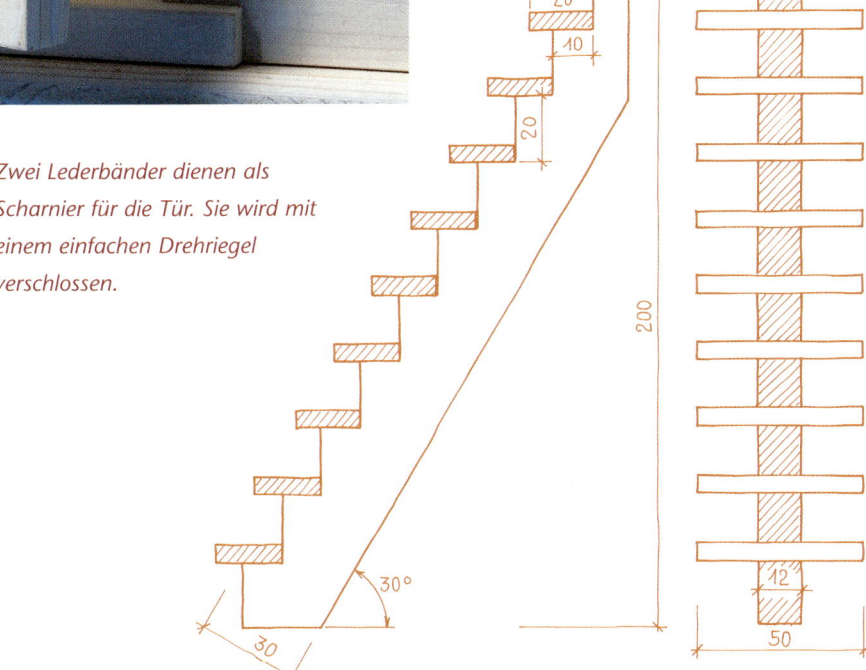

Ein supertolles Spielhaus, in dem es so richtig
„li la lustig" zugeht. Und es muss auch
nicht immer alles aufgeräumt werden.
Wer es kleiner will, kann das Haus in einer
der aufgezeigten Varianten bauen.

BLUMEN & GEMÜSE

Rita Rose

Villa „Li La Lustig"

Ein Puppenhaus, in dem die Puppen viel Platz zum Spielen haben – da geht es richtig „li la lustig" zu. Ob unten oder oben, hier ist viel Raum zum Toben. Unterm Dach ist das Geheimversteck, ein Platz zum Träumen von großen Abenteuern. Dort findet einen niemand, so lieben es die großen Kinder und die kleinen Puppen.

Das Haus ist aus zwei eigenständigen Bauteilen zusammengesetzt, jedes für sich eine vollwertige Puppenstube. So können Sie wählen, welches Sie bauen möchten.

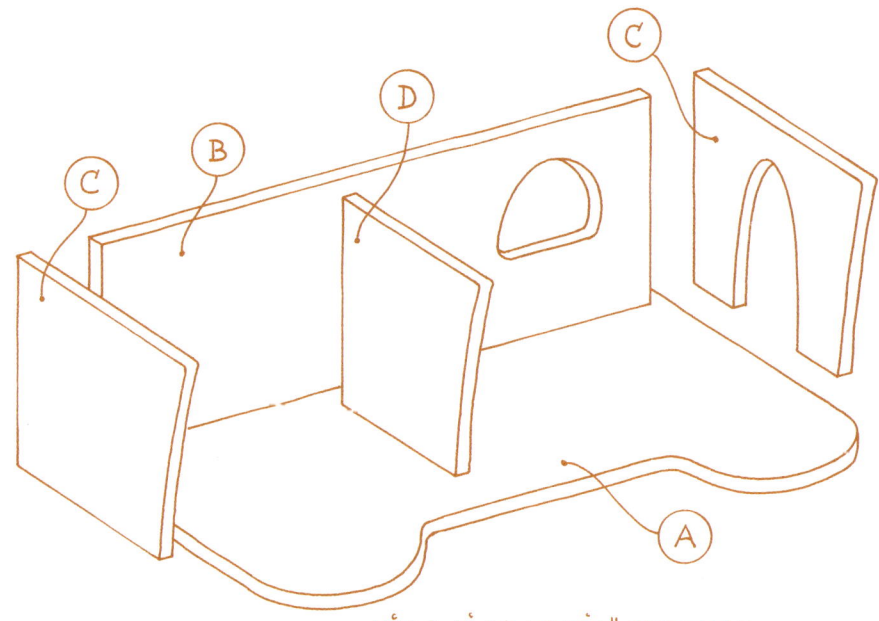

„VILLA LI LA LUSTIG" ERDGESCHOSS

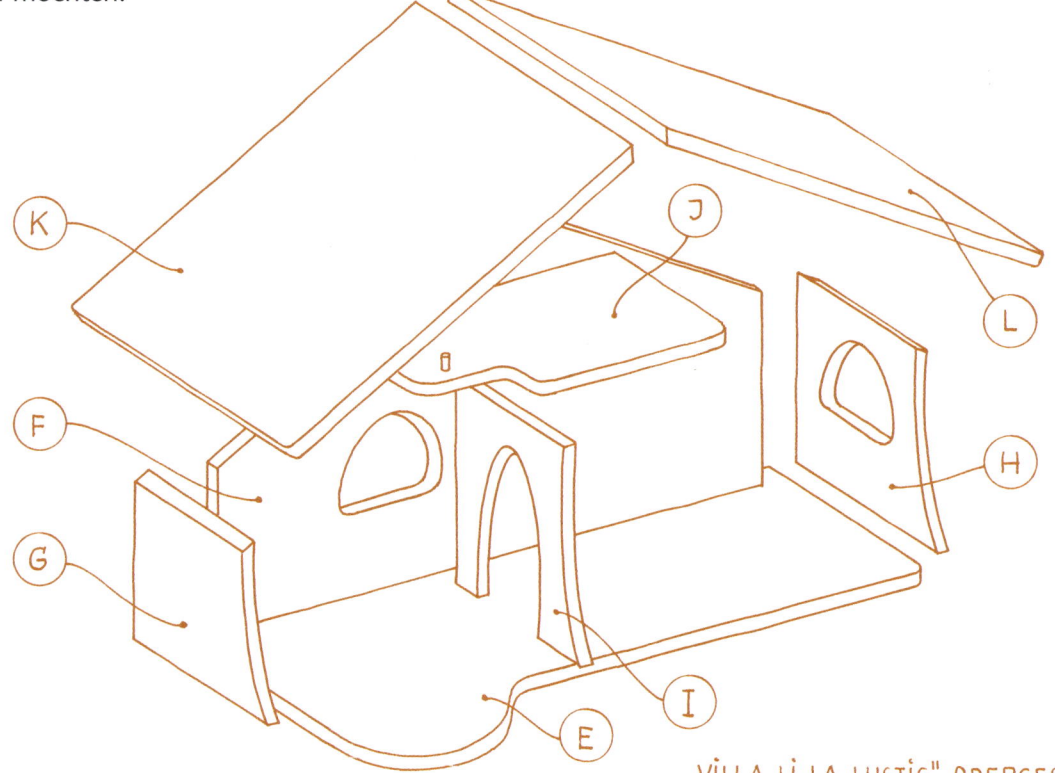

„VILLA LI LA LUSTIG" OBERGESCHOSS

Das Haus besteht aus zwei Teilen: dem Erdgeschoss und dem oberen Stockwerk.
Beide sind hier fest miteinander verbunden.

Schnittliste

	Stück	Abmessung in mm	Werkstoff
Erdgeschoss			
A	1	680 x 390 x 18	Leimholz – Fichte
B	1	624 x 230 x 18	Leimholz – Fichte
C	2	230 x 280 x 18	Leimholz – Fichte
D	1	230 x 225 x 18	Leimholz – Fichte
Obergeschoss			
E	1	680 x 350 x 18	Leimholz – Fichte
F	1	624 x 380 x 18	Leimholz – Fichte
G	1	183 x 240 x 18	Leimholz – Fichte
H	1	215 x 240 x 18	Leimholz – Fichte
I	1	230 x 220 x 18	Leimholz – Fichte
J	1	320 x 200 x 18	Leimholz – Fichte
K	1	500 x 295 x 18	Leimholz – Fichte
L	1	435 x 295 x 18	Leimholz – Fichte

Die Abmessungen der kleinen Zuschnitte wie Balkon, Strickleiter usw. sind aus den bemaßten Detailzeichnungen abzulesen. Zum Bau benötigen Sie Kreuzschlitzschrauben 4,0 x 40 mm und Rundstäbe von 10 mm Durchmesser.

Zusammenbau

Wenn Sie das ganze Haus mit Erdgeschoss und Obergeschoss bauen, schneiden Sie alle in der Schnittliste aufgeführten Teile zu. Auf die Bodenplatten (Teile A und E) übertragen Sie die Maße des Vorsprungs für Balkon und Terrasse. Sägen Sie die abfallenden Teile mit der Stichsäge aus der Platte.

Zum Übertragen der übrigen Formen müssen Sie die Zeichnungen zuerst auf einem Kopiergerät entsprechend vergrößern oder Sie zeichnen die Umrisse frei auf. Es ist hilfreich, wenn Sie sich dafür eine Schablone aus einem Stück

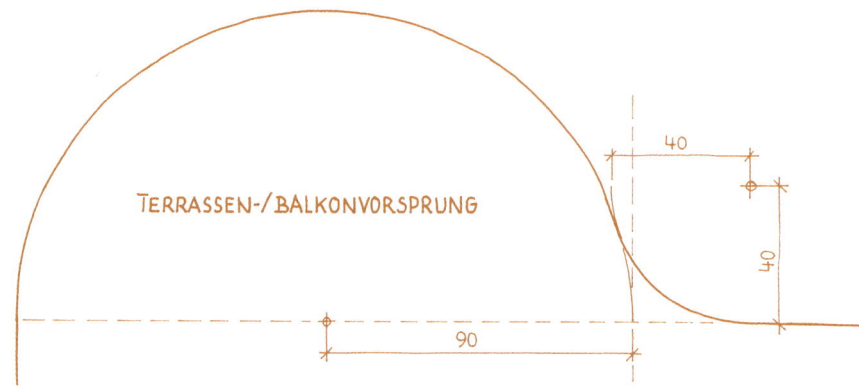

TERRASSEN-/BALKONVORSPRUNG

40

40

90

Das Balkongeländer ist frei aufgestellt. So lässt es mehr kreatives Spielen zu. Auf die Rundung umgelegt, kann es zur Puppenschaukel werden.

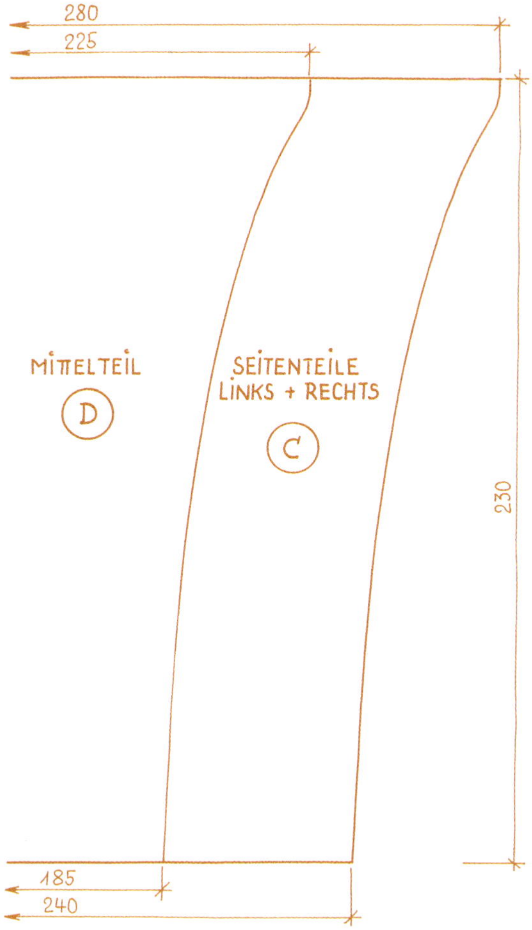

280
225

MITTELTEIL
D

SEITENTEILE
LINKS + RECHTS
C

230

185
240

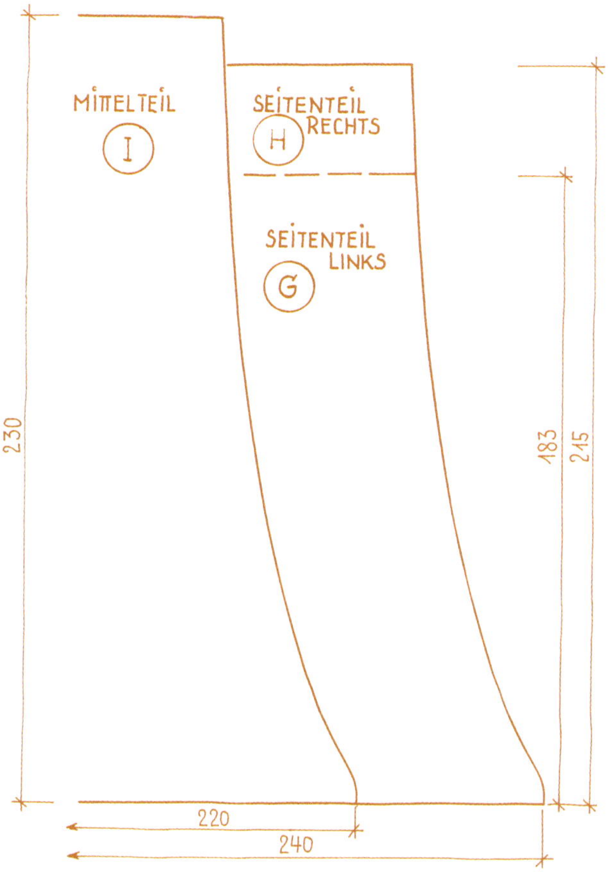

MITTELTEIL
I

SEITENTEIL
RECHTS
H

SEITENTEIL
LINKS
G

230

183
245

220
240

Karton mit den angegebenen Maßen anfertigen.

Sägen Sie die Fenster- und Türausschnitte in den Rückwänden, den Mittel- und Seitenwänden mit einer Stichsäge aus, ebenso alle übrigen Teile mit geschweiften Konturen. Wenn Sie bereits Puppenmöbel besitzen, versetzen Sie die Fensterausschnitte entsprechend, um den Platz an der Wand an die Möbel anzupassen.

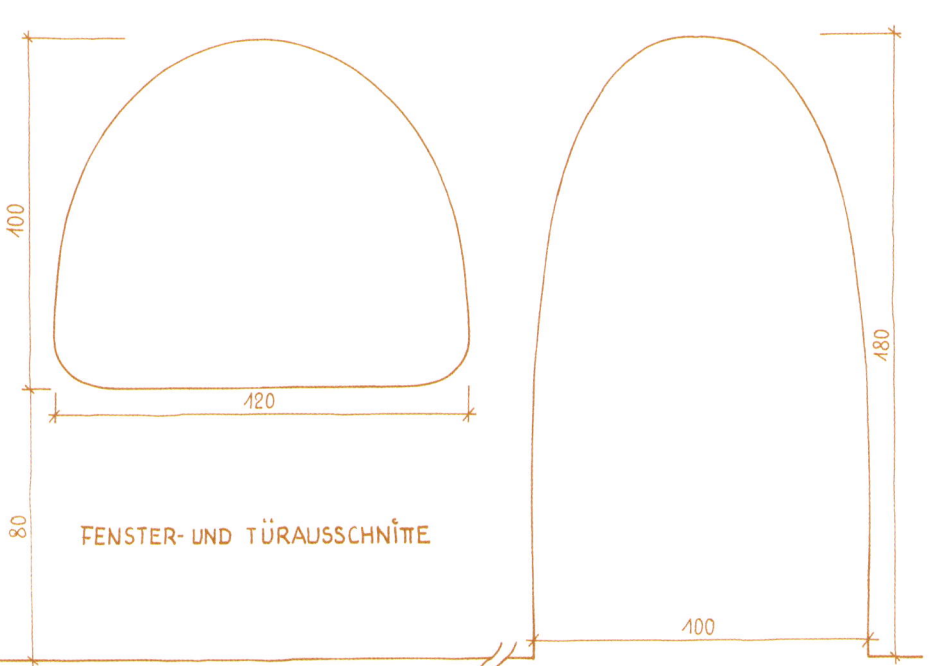

100

120

80

FENSTER- UND TÜRAUSSCHNITTE

180

100

Der Ausschnitt im Dachboden (Teil J) ist etwa 100 x 50 mm groß. Für den Zuschnitt der Rückwand übertragen Sie die Maße aus der nebenstehenden Zeichnung. Die Dachneigung beträgt 30 Grad.

Vor dem Montieren der einzelnen Bauteile werden sie mit Schleifpapier (Körnung 150) geschliffen. Verschrauben Sie die Rückwände mit den Böden (Teil A mit Teil B, Teil E mit Teil F), jeweils bündig mit der rückwärtigen Kante und nach den Seiten mittig ausgerichtet. Die Verschraubung wird verdeckt ausgeführt (siehe Seite 11). Das Montieren der Mittelwände (Teile D und I) stabilisiert das Ganze.

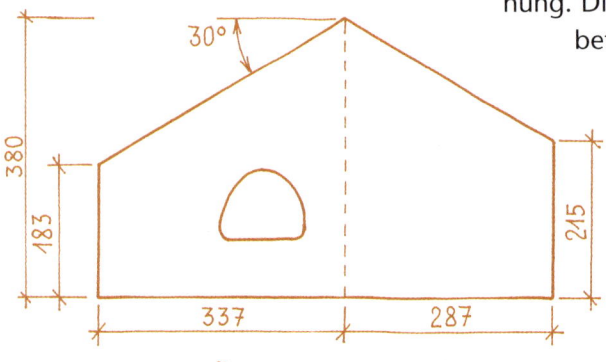

30°

380

183

245

337   287

RÜCKWANDZUSCHNITT

Wird nur das Erdgeschoss gebaut, erinnert es an die klassische Puppenstube, wie sie früher häufig zu finden war. Sie lässt sich zu einem späteren Zeitpunkt ohne Probleme aufstocken.

Eine andere Möglichkeit ist, nur das Obergeschoss zu bauen. Auch hier kann später noch das Untergeschoss dazu gebaut werden. Jede dieser Varianten hat ihren eigenen Reiz.

Der Dachboden (Teil J) wird ebenfalls angebracht. Im Erdgeschoss fehlen nur noch die Seitenwände (Teile C), dann ist es fertig. Die Seitenwände im Obergeschoss (Teile G und H) werden an der Oberkante mit einem Sägeschnitt von 30 Grad an die Dachneigung angepasst. Im gleichen Winkel werden auch die Dachflächen (Teile K und L) an der Firstlinie zugeschnitten, damit sie beim Zusammenbau dicht aneinander stoßen.

Letzter Arbeitsschritt ist die Oberflächenbehandlung. Eine wasserlösliche Lasurfarbe eignet sich dafür am besten. Sie schützt die Oberfläche, lässt aber auch die Maserung des Holzes durchscheinen. Eine Alternative ist das Wachsen mit Flüssig- oder Hartwachs.

Balkongeländer und Strickleiter

Für jedes Balkongeländer legen Sie je zwei Zuschnitte in der Größe 160 x 80 x 18 mm aufeinander und heften sie im Bereich des Abfallholzes mit Nägeln zusammen. Übertragen Sie mit dem Zirkel die Maße aus der Zeichnung und markieren Sie die Bohrlöcher. Zuerst bohren Sie die Löcher durch das obere bis zur Mitte des unteren Bretts, dann sägen Sie die Rundungen aus.

Wenn Sie nach dem Bohren zwei kurze Rundstäbe mit 10 mm Durchmesser links und rechts in zwei Bohrungen einstecken, halten die beiden Halbkreise zusammen

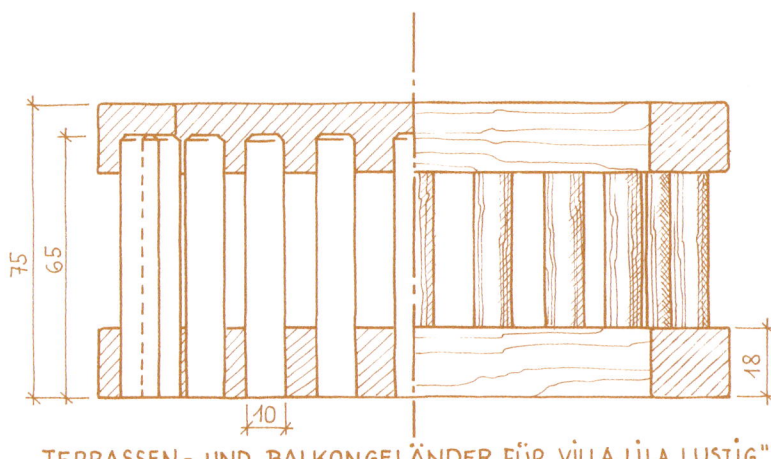

TERRASSEN- UND BALKONGELÄNDER FÜR „VILLA LILA LUSTIG"

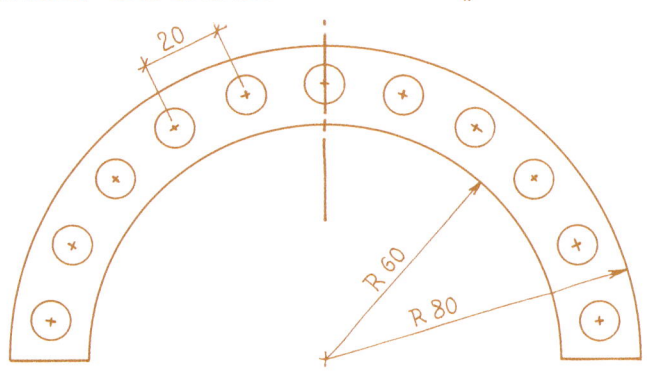

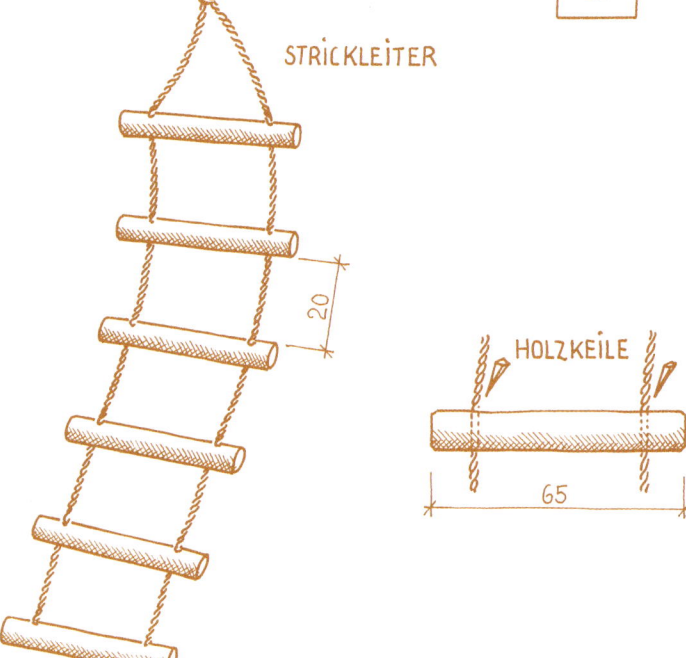

STRICKLEITER

HOLZKEILE

und können gemeinsam geschliffen werden. Leimen Sie die Geländerstäbe ein, und das Geländer für Balkon oder Terrasse ist fertig.

Aus dem gleichen Rundstab sägen Sie die Sprossen für die Strickleiter. Sie lässt sich auch für das Baumhaus verwenden. In die Sprossen bohren Sie an den Enden Löcher für die Schnur, die etwa 2 mm

Durchmesser haben sollte. Damit die Sprossen halten, geben Sie nach dem Durchschieben der Schnur etwas Leim in die Bohrung und schieben Sie einen kleinen Keil ein, den Sie z. B. aus einem Streichholz geschnitten haben.

Das Namensschild sägen Sie aus einem Sperrholzrest aus und leimen es an der Giebelspitze fest.

Eine Ergänzung zur Villa „Li La Lustig"
oder zur Zirkusvilla ist das Baumhaus.
Sein Bau erfordert nur geringen
Aufwand. Zum Spielen ist
außer einer Puppe kein
weiteres Zubehör nötig.

Baumhaus

Eine fabelhafte Ergänzung zur Villa ist dieses Baumhaus, es kann aber auch als eigenständiges Spielobjekt gebaut werden. Wenn man schon kein richtiges Baumhaus besitzt, so dann doch wenigstens eines für die Puppenfamilie.

Zusammenbau

Das Baumhaus ist einfach und schnell zu bauen. Sie brauchen kaum länger als einen Nachmittag dazu.

Schnittliste

Stück	Abmessung in mm	Werkstoff
Baum		
1	410 x 345 x 18	Leimholz – Fichte
1	180 x 285 x 18	Leimholz – Fichte
Haus		
2	180 x 152 x 18	Leimholz – Fichte
1	180 x 120 x 18	Leimholz – Fichte
7	210 x Ø 10	Rundstab
4	50 x Ø 10	Rundstab

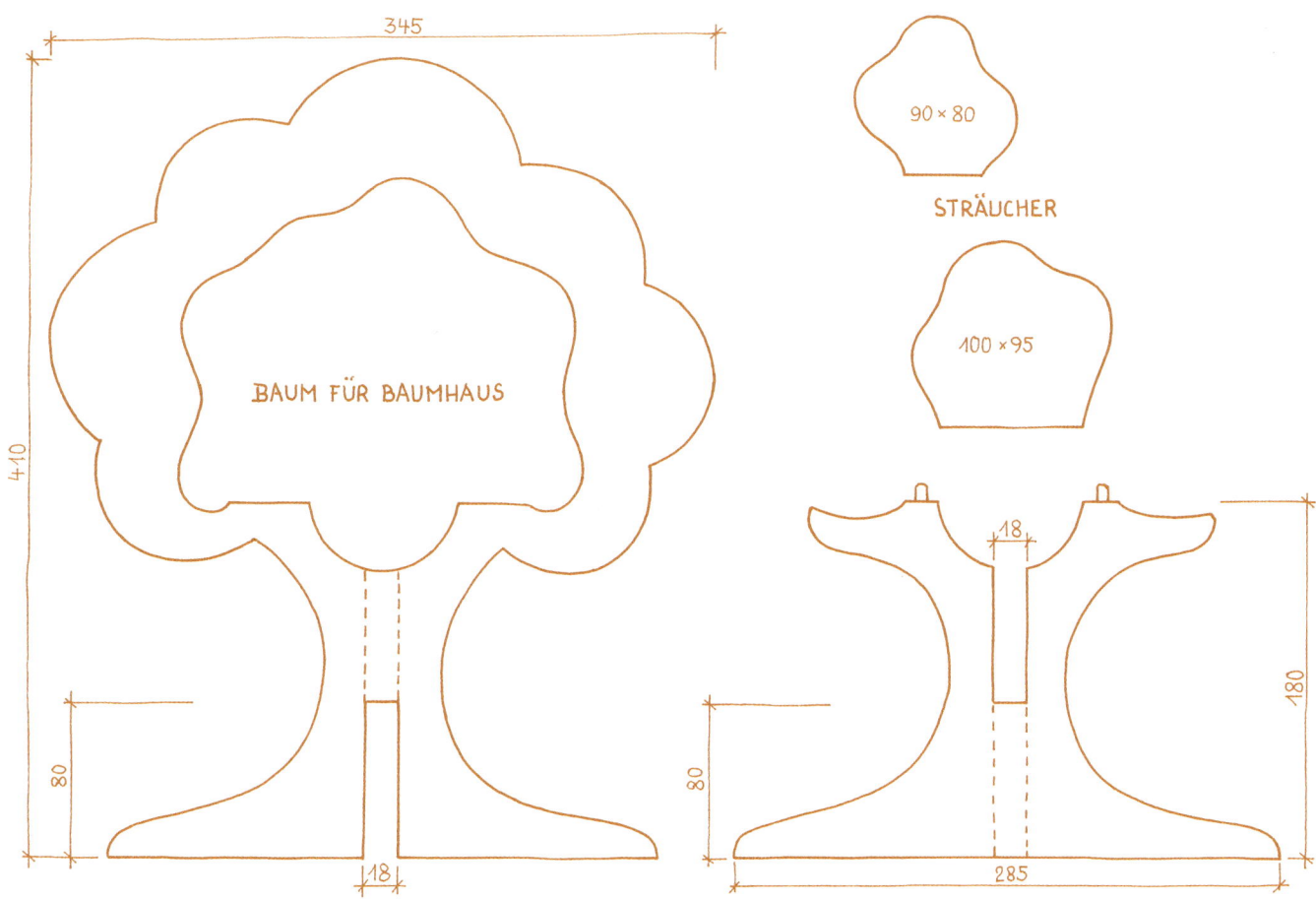

Zuerst vergrößern Sie die Zeichnung des Baumes von Seite 53 mit einem Kopierer auf das Originalmaß. So lassen sich die Umrisse leicht auf die Leimholzplatten durchpausen.

Die Einschnitte der Steckverbindung am Baum werden ausgesägt und eingepasst. Anschließend sägen Sie mit der Stichsäge die Außen- und Innenumrisse. Schleifen Sie die Teile. Aus dem Abfallholz sägen Sie die Sträucher.

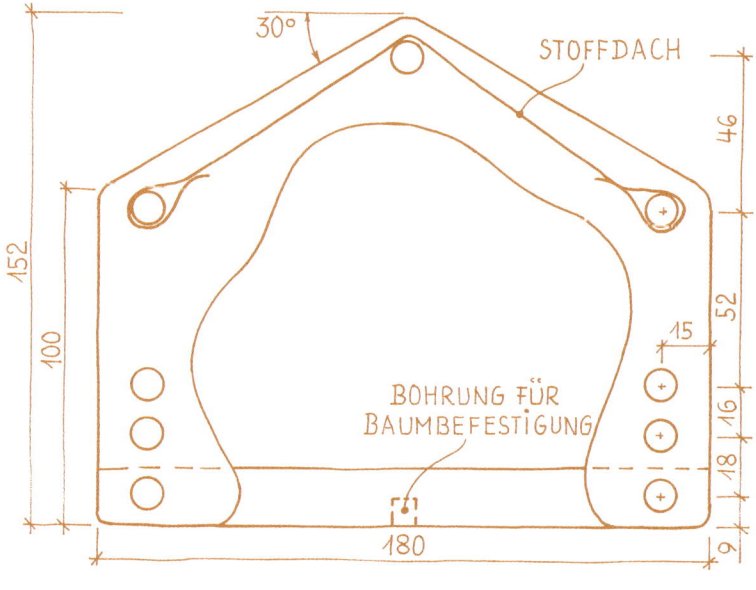

BAUMHAUS

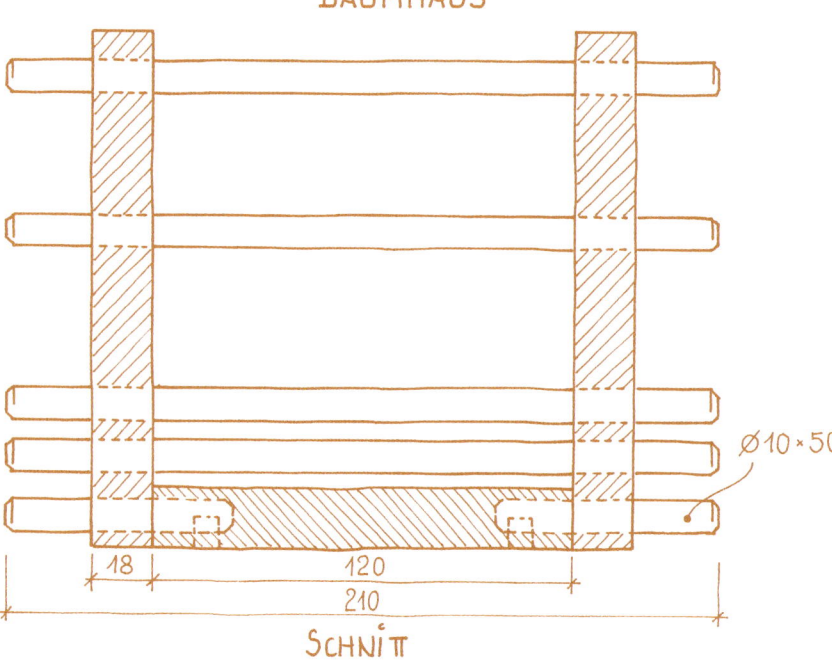

SCHNITT

Sägen Sie die Teile für das Haus. Beim Bohren der Löcher für die Rundstäbe ist es zweckmäßig, beide Seitenteile zusammenzuheften und gemeinsam zu bohren. Die Seitenteile werden durch die 50 mm langen Rundstäbe, die eingeleimt werden, mit dem Boden verbunden.

Auch der Rundstab, der den Dachfirst bildet, wird eingeleimt. Alle anderen Rundstäbe werden nur eingeschoben und bleiben beweglich. Das Stoffdach lässt sich so jederzeit entfernen und erweitert die Spielmöglichkeiten.

Das Stoffdach kann aus einem Stoffrest genäht werden. Zum Schluss leimen Sie in den Ständer des Baums zwei Dübel mit 6 mm Durchmesser und bohren in den Boden des Hauses von unten zwei Löcher. Jetzt kann das Haus eingesetzt werden. Es sitzt stabil und sicher im Baum. Mit wasserlöslicher Farbe oder Lasur bekommt das Baumhaus seinen letzten Schliff.

Mit der Strickleiter (siehe Seite 50 und 52) können die Puppen jetzt ins Haus klettern.

Die beiden Baumteile werden einfach
ineinander gesteckt, sie müssen nicht miteinander verleimt werden. So lassen sie
sich jederzeit wieder auseinander nehmen.
Das Haus wird auf die beiden Dübel im
Baumausschnitt gesetzt. Aus Holzresten
können die Büsche gesägt werden.

Eine Alternative zur Strickleiter ist die Holz-
leiter von der Zirkusvilla (siehe Seite 62).
So haben die Puppen einen festen Tritt
beim Hochklettern.

Eine Traumvilla zum Spielen ist dieser Zirkuswagen: Blumen vor den Fenstern, eine Dachterrasse, die über eine Leiter erreicht werden kann, und ein Balkon. Alles lässt sich um- oder abbauen, wie es einem gefällt. Da schlagen Puppenherzen höher.

Zirkusvilla

Ein Puppenhäuschen der Extraklasse ist die Zirkusvilla. Wer hat nicht als Kind vom Zirkus geträumt und wäre gerne mitgefahren in einem der vielen bunten Wagen, die in die Stadt zogen? Was sind schon moderne Wohnmobile, die über Autobahnen rasen, gegen einen gemütlichen Zirkuswagen? Der Balkon am Heck und eine Dachterrasse laden die Puppenfamilie ein, zu verweilen oder Feste zu feiern.

Die Abmessungen der kleinen Zuschnitte, z. B. Balkon, Leiter oder Fensterläden, sind aus den bemaßten Detailzeichnungen abzulesen.

Zum Bau benötigen Sie Kreuzschlitzschrauben 4,0 x 40 mm und Rundstäbe mit 8 und 10 mm Durchmesser.

Zusammenbau

Zuerst sägen Sie die Teile A bis E aus der Schnittliste zu. Aus der rechten Seitenwand wird die Tür mit 80 mm Breite und 150 mm Höhe ausgeschnitten. Die Fensterausschnitte sind 90 x 90 mm groß und jeweils mittig angebracht.

Bei vorhandenen Puppenmöbeln können die Ausschnitte aber auch an eine andere Stelle versetzt werden.

Schnittliste

	Stück	Abmessung in mm	Werkstoff
Haus			
A	1	300 x 170 x 18	Leimholz – Fichte
B	2	195 x 206 x 18	Leimholz – Fichte
C	2	300 x 195 x 18	Leimholz – Fichte
D	1	380 x 250 x 18	Leimholz – Fichte
E	2	170 x 20 x 18	Leimholz – Fichte
Fenster			
F	4	98 x 50 x 5	Kiefernleiste
G	4	90 x 12 x 12	Kiefernleiste
H	2	110 x 20 x 18	Leimholz – Fichte
Räder			
I	2	144 x 40 x 18	Leimholz – Fichte
J	2	200 x Ø 8	Buchenrundstab
K	4	Ø 65 x 18	Leimholz – Fichte
L	2	144 x 18 x 5	Kiefernleiste

Verschrauben Sie die Wände mit dem Boden so, dass die Schrauben versenkt sind (siehe Seite11). Die Vorderwand wird an der Unterkante innen abgerundet, damit sie sich aufklappen lässt, und eingepasst. Als Scharniere dienen zwei Schrauben, die durch die Seitenwände eingedreht werden.

Die beiden Leisten (Teile E) schrauben Sie so an die Unterseite des Daches, dass sie genau zwischen die Wände passen. Das Dach wird an den Längsseiten abgerundet.

Das Bodenbrett für den Balkon hat die Maße 204 x 108 mm. Es wird so in den Türausschnitt eingepasst, dass es bündig an den Wagenboden anschließt.

Festleimen sollten Sie den Balkon erst, wenn das Geländer gebaut und befestigt ist. Die Scharnierschraube der Vorderwand ist nach dem Verleimen nicht mehr zugänglich.

Aus Kiefernleisten sägen Sie die Fensterkreuze, Fenster-

läden und Balkonkästen zu und leimen sie an. Es ist sinnvoll, die Fensterläden vorher zu streichen.

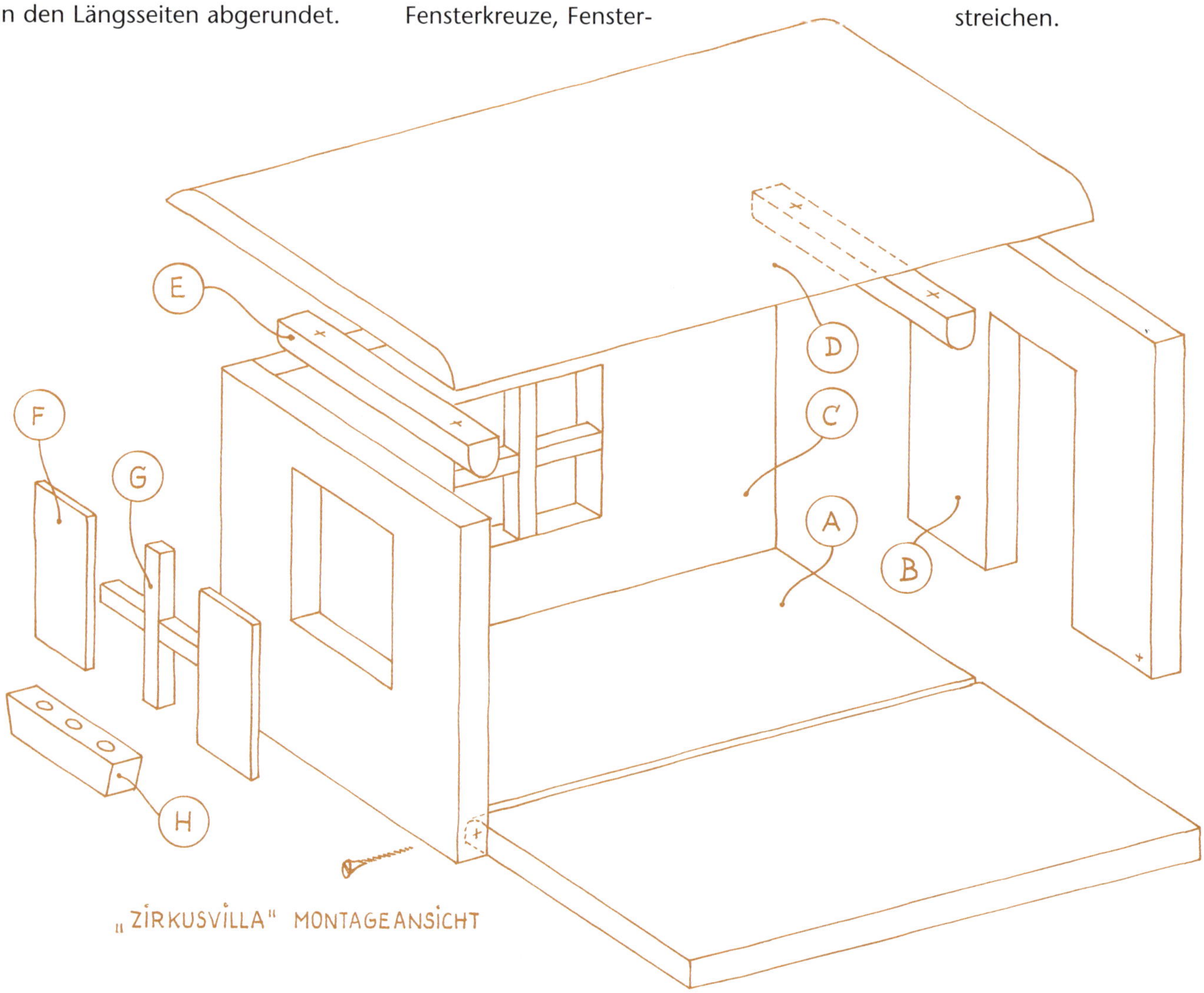

„ZIRKUSVILLA" MONTAGEANSICHT

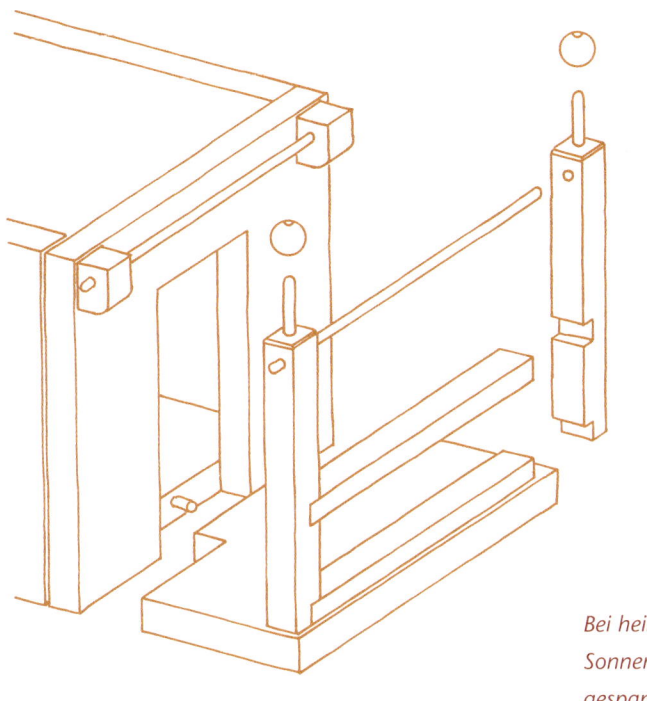

BALKONMONTAGE

Bei heißem Wetter wird ein Sonnendach über den Balkon gespannt. Ein wenig Schatten für die Puppenfamilie.

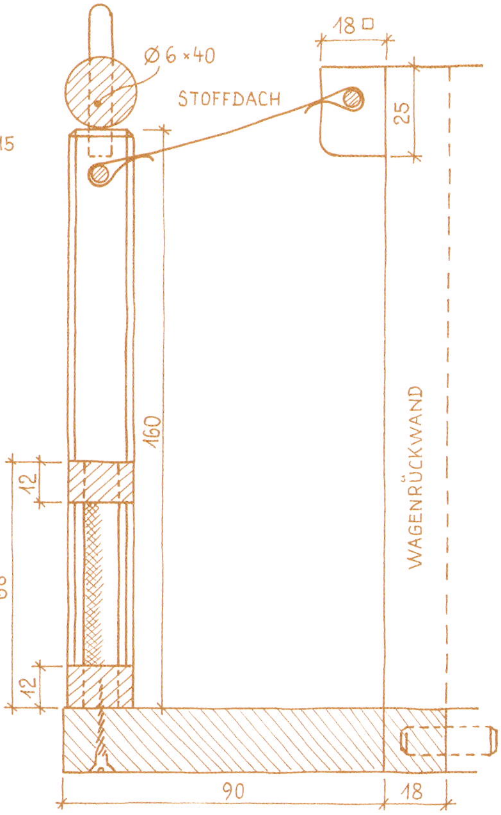

2
KANTEN 45°

18 □

Ø20

Ø5 × 215

10 10 10 9

184

204

10

Ø6×40

STOFFDACH

18 □

25

160

12

68

12

WAGENRÜCKWAND

90

18

Sägen Sie die Teile für Deichsel und Fahrwerk nach den Angaben der Schnittliste. Wie in der Montagezeichnung dargestellt, werden sie anschließend zusammengebaut und unter den Boden des Wagens geleimt.

Die Deichsel wird an die am Wagenboden befestigte Radaufhängung geschraubt. Vielleicht findet sich in der Spielzeugkiste ein schöner Holztraktor, an den sich die Deichsel anpassen lässt. Und schon geht die Fahrt über Stock und Stein los.

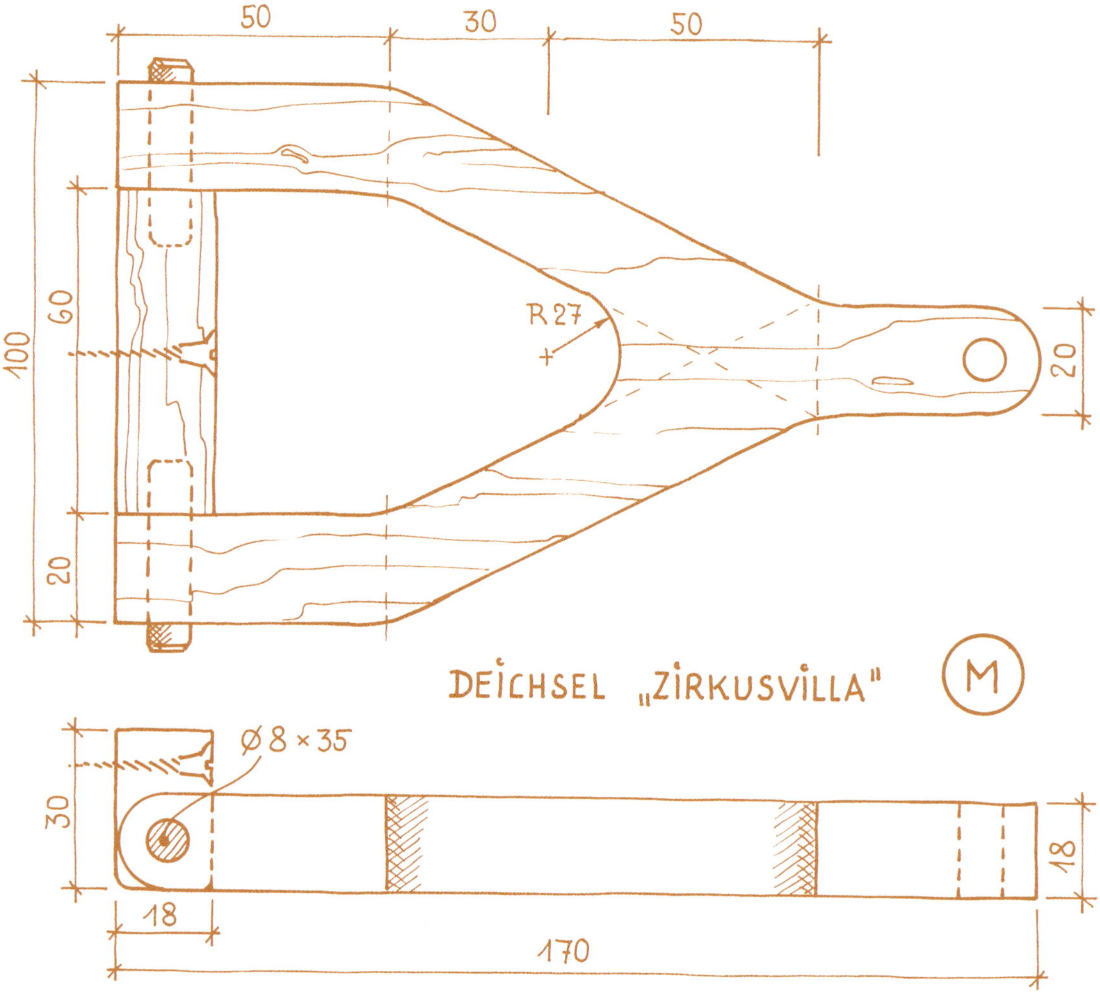

DEICHSEL „ZIRKUSVILLA" Ⓜ

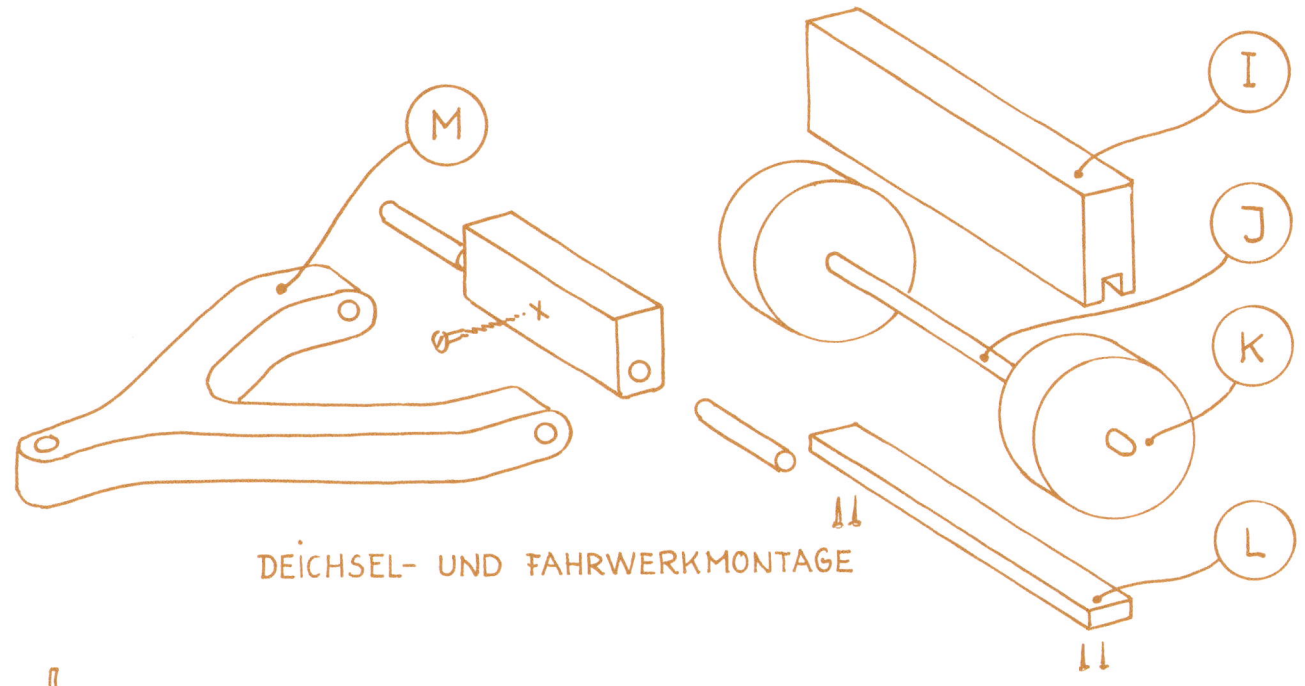

DEICHSEL- UND FAHRWERKMONTAGE

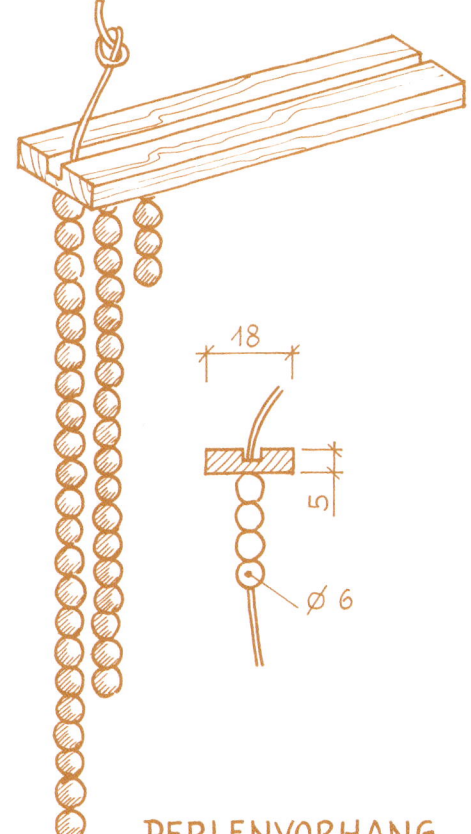

PERLENVORHANG

Die Tür wird mit einem Perlenvorhang verschlossen. Die Perlen-
schnüre werden durch eine mit
Bohrungen versehene genutete
Holzleiste gefädelt und in der
Nut verknotet. Dann leimen Sie
die Leiste in die Türöffnung.

*Zum Spielen kann man das Dach abneh-
men und eine Seitenwand herunterklap-
pen. Um die Schraubenscharniere nicht zu
sehr zu belasten, wird die Leiter als Stütze
untergestellt.*

Die Leitern und Zäune können Sie aus dem Abschnittholz der Leimholzplatten fertigen. Alle benötigten Leisten haben den gleichen Querschnitt von 18 x 12 mm. Die Leitersprossen sind aus Rundstäben mit 8 mm Durchmesser, die Geländerstäbe aus Rundstäben mit 10 mm Durchmesser geschnitten. Das Geländer um die Dachterrasse besteht aus drei gleich langen Teilen und einem kurzen Teil mit nur vier Stäben.

Nach dem Streichen mit wasserlöslichem Lack fehlen nur noch die Blumen, dann ist Ihre Zirkusvilla fertig. Die Kinder werden sie ausführlich begutachten, und ich kann Ihnen aus eigener Erfahrung sagen: Sie sind kritisch und genau. Aber ich hoffe, Ihr Werk wird für gut befunden.

> **Tipp!** *Natürlich können Sie das Geländer auch erweitern oder einen langen Zaun bauen, der den ganzen Wagen umschließt.*

Die einzelnen Teile des Terrassengeländers werden mit Rundstäben miteinander verbunden. Wenn Sie mehrere Geländerteile fertigen, lässt sich ein Zaun um das Haus stellen. Er kann auch bei der Villa „Li La Lustig" verwendet werden.

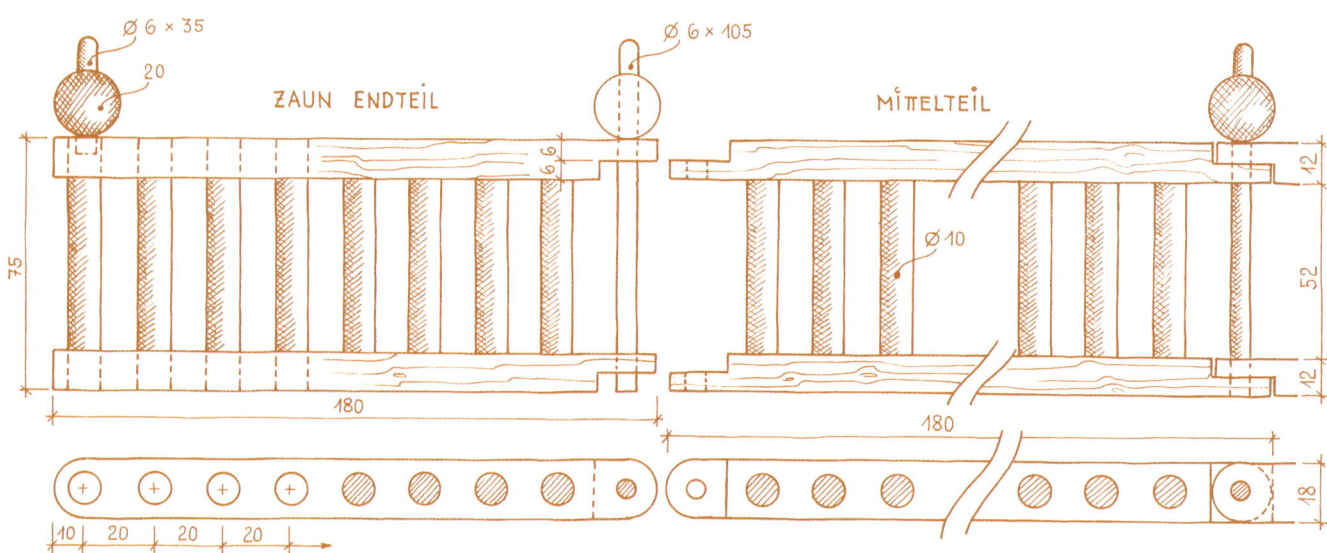

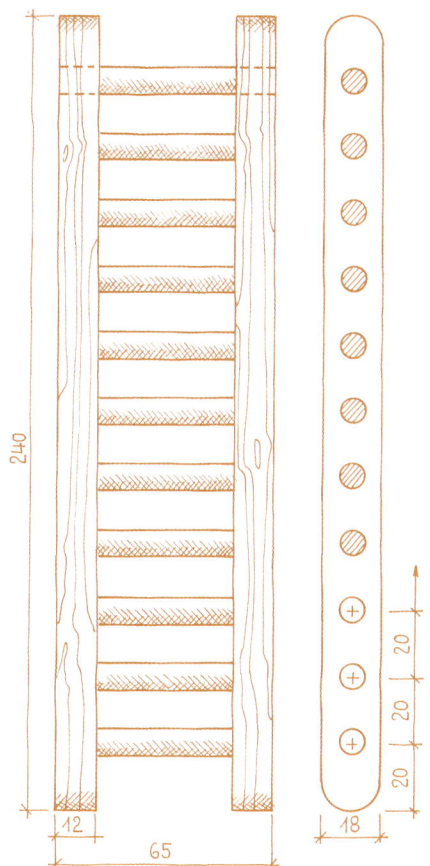

Kinder finden immer den richtigen Platz für das Balkongeländer; ob auf dem Dach, der Terrasse oder vielleicht auf der grünen Wiese. Dann ist es vielleicht ein Tiergehege.

LEITER UND TREPPE
„ZIRKUSVILLA"

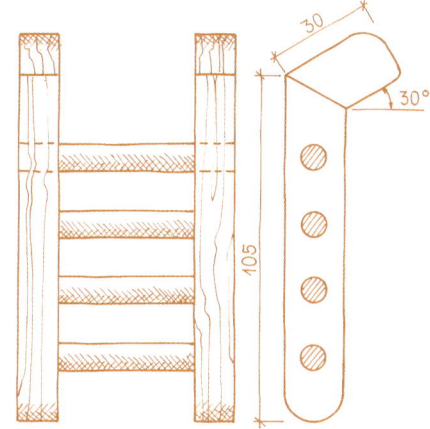

Zum Aufhängen der Leiter sind zwei Dübel in die Dachkante und in die Seitenwand geleimt.

Impressum

Bibliografische Information
Der Deutschen Bibliothek
Die Deutsche Bibliothek verzeichnet
diese Publikation in der Deutschen
Nationalbibliografie; detaillierte bibliografische Daten sind im Internet über
http://dnb.ddb.de abrufbar

Bibliografic information published by
Dle Deutsche Bibliothek
Die Deutsche Bibliothek lists this
publication in the Deutsche Nationalbibliografie; detailed bibliografic data
is available in the internet at
http://dnb.ddb.de

Fotografie: Klaus Lipa, Diedorf bei Augsburg
Lektorat: Günter Wiegand, Wiesbaden
Umschlagkonzeption:
Zero Werbeagentur, München
Umschlaglayout: Daniela Meyer
Herstellung: Elke Martin
Layout: Wollinsky & Partner
Werbung GmbH, München

© 2003 Knaur Ratgeber Verlage
Ein Unternehmen der Droemerschen
Verlagsanstalt Th. Knaur Nachf. GmbH &
Co. KG, München

Satz: Gesetzt aus 10 Punkt Stone Sans
Druck und Bindung: Appl, Wemding

Gedruckt auf 115 g umweltfreundlich
chlorfrei gebleichtem Papier.

ISBN 3-426-66838-6
Printed in Germany

Bitte besuchen Sie uns im Internet:
www.droemer-knaur.de

Weitere Titel aus dem Bereich Kreativ
finden Sie im Internet unter:
www.knaur-kreativ.de

Danksagung

*Verfasser und Verlag bedanken sich
bei der Firma Bodo Hennig Puppenmöbel GmbH, 87499 Wildpoldsried/
Allgäu, für die großzügige Bereit-
stellung der Jugenstilpuppenmöbel
und des dekorativen Zubehörs für
die Fotoaufnahmen. Die übrigen
Puppenmöbel stammen vom Autor.*